Anonymous

Rechtfertigung der Freyburgischen

Philosophisch-Theologischen Gutachten

wider die von dem Herrn Prof. Louis zu Straßburg und der Theologischen

Facultät zu Heidelberg gemachten Einwürfe

Anonymous

Rechtfertigung der Freyburgischen Philosophisch-Theologischen Gutachten
wider die von dem Herrn Prof. Louis zu Straßburg und der Theologischen Facultät zu Heidelberg gemachten Einwürfe

ISBN/EAN: 9783743622821

Hergestellt in Europa, USA, Kanada, Australien, Japan

Cover: Foto ©ninafisch / pixelio.de

Weitere Bücher finden Sie auf **www.hansebooks.com**

Rechtfertigung
der
Freyburgischen Philosophisch-Theologischen
Gutachten
wider die
von dem Herrn Prof. Louis zu Straßburg
und
der Theologischen Facultät zu Heidelberg
gemachten Einwürfe.

Eine Zugabe
zu der
Sammlung der Schriften
über die
Badenschen Lehrsätze
aus der praktischen Philosophie.
Vom 16. März 1780.

Freyburg im Breisgau,
gedruckt mit Satronischen Schriften.

1 7 8 1.

Dem Publikum ist bereits zur Genüge bekannt, daß die Lehrsätze aus der praktischen Philosophie, die den 16 März des vorigen Jahrs zu Baden ans Licht traten, einerseits von den theologischen Facultäten zu Heidelberg und Straßburg mit den ärgerlichsten Censuren sind gebrandmarket, andrerseits von der philosophischen und theologischen Facultät zu Freyburg im Breisgau zur Ehre der Vernunft, und des katholischen Deutschlandes als unschuldig erkläret worden.

Wer die Art, womit gewisse Leute ihre eingebildete Wissenschaft und ihren blinden Religionseifer zu bethätigen suchen; wer den Eigensinn, diesen unabsönderlichen Gefährten der Unwissenheit und des Stolzes, wer die scholastische Theologie und ihre Verehrer kennet: der kann sich leicht vorstellen, daß die Facultäten zu Freyburg solche Gegner gereizet haben, die sich so geschwinde nicht abtreiben lassen. Kaum hatten die Herren Theologen zu Straßburg und Heidelberg die Freyburgischen Gutachten vom 2. und 11. Nov. voriges Jahres zu Gesichte bekommen, flugs griffen sie zum Gewehre. In Bälde erschien eine Schrift unter dem Titel: Collectio Scriptorum ad Theses philosophicas Badenses spectantium: Sammlung der Schriften über die Badischen Lehrsätze aus der praktischen Philosophie, worunter das VII, VIII, IX, und X. Stück die Freyburgischen Facultäten betreffen. Ihre Aufschriften sind folgende.

VII. *NOTAE ARGENTINENSES* in Iudicium, quod Director, Decanus & Profeſſores facultatis philoſophicae Friburgenſis tulerunt die 2. Nou. 1780. de Theſibus Badenſibus 16. Martii eiusd. an. *Argentorati* 25. *Febr. 1781.* LOUIS. S. 46 — 81.

VIII. *NOTAE ARGENTINENSES* in Iudicium, quod Director, Decanus & Profeſſores theologicae Facultatis Friburgenſis tulerunt die 11. Nou. 1780. de Theſibus Badenſibus 16. Martii eiusd. an. *Argentorati* 8. *Martii 1781.* LOUIS. S. 82 — 99.

IX. *ANIMADVERSIONES FACVLTATIS THEOLOGICAE HEIDELBERGENSIS* ad geminam cenſuram, alteram a Facultate philoſophica Friburgenſi die 2. Nou. 1780., alteram a Facultate theologica ibidem die 11. Nou. eiusd. an. ſuper Theſibus philoſophicis Badenae 16. Martii 1780. diſputationi expoſitis ſub titulo: Lehrſätze aus der praktiſchen Philoſophie. S. 100 — 117.

X. *REFLEXIONES HEIDELBERGENSES AD CENSVRAM FRIBVRGENSEM THEOLOGICAM.* Heidelbergae in Concilio Facultatis die 6. Martii 1781. S. 117 — 128.

Der klügere Theil des Publikums wird zwar die vermeintlichen Wiſderlegungen für das halten, was ſie wirklich ſind, Luftſtreiche, Wortſtreite, Conſequenzmachereyen, Trugſchlüſſe, Verläumdungen, Barbariſmen und dergleichen ſcheußliche Geburten der gröbſten Unwiſſenheit, die an und für ſich gar keiner Antwort würdig wären; allein ſo lange noch der große Haufen, durch Vorurtheile und Partheygeiſt, durch ſcholaſtiſchen Wuſt geblendet, in die Hände klatſchet, und den tiefgelehrten Theologen zu Heidelberg und Straßburg Beyfall zuwinket, als wenn ſie die ketzeriſchen Facultäten zu Freyburg bündig abgefertigt hätten: ſehen wir uns genöthiget, die Denkungsart dieſer verworrenen Köpfe, ſo viel an uns liegt, aufzudecken, und vor aller Welt zu zeigen, daß die Theologen zu Straßburg und Heidelberg noch in einer Finſterniß ſitzen, welche in den Jahren 1780. und 81. allerdings für ein ſeltenes Phänomen zu halten iſt.

Indeſſen

Indessen darf man hier keine ausführliche und pünktliche Widerlegung erwarten. Dieß würde theils zu weitläuftig, theils überflüssig und der Mühe nicht werth seyn. Man müßte die Gegner auf die ersten Grundsätze der Philosophie, die sie aus schändlicher Unwissenheit verabscheuen, zurückführen, und besonders die Grundwissenschaft und allgemeine praktische Philosophie mit ihnen durchgehen. Man müßte die albernen Begriffe der scholastischen Theologie und Casuistik, in der sie erzogen sind, und die darauf ruhenden Vorurtheile ihrer Schule widerlegen. Kurz, man müßte allgemein bekannte Dinge solchen Leuten vorpredigen, die schon zu alt, und in ihren Irrthümern zu abgehärtet sind, als daß man hoffen könnte, sie zu bekehren,

>   Vel quia nil rectum, nisi quod placuit sibi, ducunt:
>   Vel quia turpe putant, parere minoribus, & quae
>   Imberbes didicere, senes perdenda fateri.
>
>   HORAT. *II. Epist. I. v. 83. 84. 85.*

Wir wollen uns also nur darauf einschränken, was unsrer Absicht zufolge die Barbarey zwoer theologischen Facultäten bekannter machen, und das Siegesgeschrey des gelehrten Pöbels stillen kann. Vielleicht sind wir zufälliger Weise so glücklich, die Aufmerksamkeit derjenigen, denen die Leitung des theologischen Studienwesens anvertrauet ist, zu erwecken, und sie zu überführen, daß, wenn man der Theologie ihre wahre Gestalt und Würde wieder geben will, es höchst nothwendig ist, die philosophischen Studien, besonders die praktische Philosophie mit größerm Eifer, als in katholischen Schulen bisher geschehen ist, zu betreiben.

Rechtfertigung
des
Philosophischen Gutachtens.

Der wesentliche Innhalt des philosophischen Gutachtens ist kürzlich dieser. Die Badenschen Lehrsätze enthalten nichts neues, nichts sonderbares; sie seyn von Wort zu Wort aus dem Federschen Lehrbuche gezogen; man finde sie in allen Schriften der neuern Philosophie, besonders in unsern Schulbüchern; sie können also aus dem Grunde, als träten sie der Religion zu nahe, nicht verdammet werden, oder man müßte die ganze Philosophie, die Leibniz, Wolf, Hollmann, Daries, Crusius, Baumeister, Feder, von Martini u. a. gelehret haben, verdammen. Allein die Schriften dieser Männer werden in Oestreichischen, und andern katholischen Schulen auf landesfürstlichen Befehl, unter den Augen eifrigster Bischöfe, ohne Widerrede, theils öffentlich vorgelesen, theils zum Nachlesen der studierenden Jugend empfohlen. Die philosophische Facultät wollte nämlich, der Kürze wegen, die Wahrheit der vorgelegten Lehrsätze nicht directe beweisen; sondern nur das Absurdum begreiflich machen, welches die Verdammung derselben nach sich zöge; übrigens aber die positive Entscheidung der Frage, ob und in wie weit sie mit den katholischen Glaubensregeln übereinkommen, der theologischen Facultät überlassen. Was wissen unsere Gegner, die Herren Theologen zu Straßburg und Heidelberg, wider diesen Plan und dessen Ausführung einzuwenden?

I.

Der erste Einwurf betrifft die Erklärungsart, auf die es freylich hauptsächlich ankömmt. Die Herren Censoren wollen die Lehrsätze just so verstanden und erkläret wissen, wie sie selbe wirklich verstanden haben, und dieß vermög einer alten wohl hergebrachten Distinktion. Sie sagen nämlich: „Die Freyburgischen furgischen Facultäten haben nicht so fast die Badenschen Lehrsätze selbst, wie sie da liegen (prout iacent), und nach dem gewöhnlichen Sinne der Worte; als im Zusammenhange (in complexu) mit den Erklärungen und Antworten des Defendenten beurtheilet."S. 100. 101. S. 105. 106. ad i) S. 95.. ℞ 3. S. 96. ℞. 2.

Antw. Jede ächte Erklärung gründet sich auf den gemeinen Sprachgebrauch, auf die Absicht und besondere Redensart des Schriftstellers, auf den ganzen Zusammenhang der Wörter und Sachen; im gegenwärtigen Falle also auf die Lehrsätze, wie sie da liegen, auf die Erklärungen und Antworten des Defendenten, und endlich auf des Herrn Prof. Feders Lehrbuch, aus welchem die Lehrsätze gezogen sind.

Die Worte einer Schrift bloß, wie sie da liegen (prout iacent) und ohne Rücksicht auf andere Umstände erklären, ist nichts anders, als die Regeln der Auslegungskunst geflissentlich hintansetzen. Wo bleibt die im Erklären so wesentliche Billigkeit, wenn es erlaubet ist, mit einem zügellosen prout iacet zu entscheiden? Die Erklärung *prout iacet* erfodert, daß man sich ganz allein an den gewöhnlichen Sinn der Wörter, an den Sprachgebrauch, halte. Aber wie, wenn der Sprachgebrauch selbst den nämlichen Worten und Sätzen zerschiedene Bedeutungen beyleget? Wenn der gelehrte Sprachgebrauch von dem gemeinen abgeht? Wenn jede Wissenschaft ihre eigenen Ausdrücke und Redensarten hat? Wenn der Schriftsteller neue Begriffe, die der kurzsichtige Censor nicht fassen kann, vorträgt? Wenn es eben nicht so leicht ist, denjenigen Begriff, den man im gemeinen Reden oder in gewissen Wissenschaften mit einem Worte verbindet, deutlich und genau zu bestimmen? In dergleichen Fällen, die bey der Unvollkommenheit der Sprachen allemal eintreffen, heißt *prout iacet* erklären eben so viel, als *prout libet*, das ist, willkührlich, und nach eigenen vorgefaßten Begriffen und Meynungen erklären.

Auf diese Art kann man jedem Satze die schlimmste Bedeutung geben, Consequenzen ziehen, Bücher und Schriftsteller, wie man nur will, verdächtig machen. Sollte es nicht gelingen, und die gute Sache einen Vertheidiger finden, der Einsicht und Muth genug hat, der unbilligen Censur die Larve wegzureißen,

ßen, so retiriert man sich unter den Schutz einer Distinktion, die der unreife Schulwitz erfunden hat. Man sagt ganz kurz, daß man die Sache nur prout iacet, nicht in complexu betrachtet habe. Allein mit leeren Distinktionen, mit Sophistereyen, wenn sie auch von der Sorbonne und hundert theologischen Facultäten ausgesprochen würden, will man sich nicht mehr, wie ehedem üblich war, abspeisen lassen.

Die Herren Censoren verwerfen und verdammen die Lehrsätze, die Erklärungen und Antworten des Defendenten, das Federsche Lehrbuch, die Freyburgischen Gutachten, ohne alle Distinktion. (S. 81. 98. 99. 127. 128.) Wozu also der Vorwurf, die Freyburgischen Facultäten haben die Lehrsätze nicht prout iacent beurtheilet? Uebrigens sind dieselben prout iacent und in complexu; ohne die Erklärungen des Defendenten, wie mit denselben; in sich betrachtet, oder in Beziehung auf das Federsche Lehrbuch, kurz, in aller Rücksicht sind sie unschuldig. Dieses haben die Freyburgischen Facultäten in den Vindiciis Iudicii Philosophico-Theologici vom 9. und 10. Febr. d. J. ausführlich erwiesen.

II.

Das Ansehen, welches das Federsche Lehrbuch in katholischen Schulen sich erworben hat, und die Achtung, die man den Wiehrlischen Lehrsätzen in dieser Rücksicht schuldig ist, suchen sie durch folgende Einwendungen herabzusetzen.

1. "Es seyn nicht alle Lehrsätze, ohne Ausnahme, durch das Ansehen des Herrn Prof. Feders bedecket. Derselbe habe in der vierten Auflage seines Lehrbuches den 12 und 13 Satz aus der allgemeinen praktischen Philosophie unentschieden gelassen." S. 46. num. 1. S. 102. ad a)

Antw. Diese zween Lehrsätze stehen nicht in der vierten Auflage des Federschen Lehrbuchs. Können sie also nicht aus des Herrn Prof. Feders Lehrbuche gezogen seyn? Daß die Selbstliebe der einzige ursprüngliche Grundtrieb des Menschen, die Sympathie aber eine sehr unmittelbare Folge der Selbstliebe sey, lehret Herr Prof. Feder ausdrücklich, einmal in dem

Grund-

Grundriſſe der philoſophiſ. Wiſſenſchaften zweyt. Aufl. S. 233. 234, ferners in dem Lehrbuche der prakt. Philoſ. zweyt. Aufl. I. Th. §. 43. S. 119. 120; eben ſo in der dritten Aufl. I. Th. §. 43. S. 113. 114. Nicht ſo ausdrücklich, aber doch entſcheidend genug wird das nämliche auch in der vierten Aufl. §. 18. S. 43. §. 34. S. 88. 89. item S. 90. geſagt. Endlich ſcheinen dieſe Sätze nothwendige Folgen deſſen zu ſeyn, was Herr Prof. Feder §. 7. der allg. prakt. Philoſ. in allen Auflagen ſeines Lehrbuchs von der Selbſtliebe ſchreibt, daß nämlich die Selbſtliebe wirke, ſo oft Empfindung oder Vorſtellung des Angenehmen oder Unangenehmen uns beſtimmet. Die Herren Gegner ſollten die Federſchen Schriften allererſt aufmerkſam leſen, ehe ſie ſich unterſtehen, darüber zu urtheilen.

2. " Es haben nicht alle katholiſche Univerſitäten das Federſche Lehrbuch mit Beyfall aufgenommen: denn außer den Oeſtreichiſchen Staaten werde ſelbes nur auf einer einzigen katholiſchen Univerſität öffentlich vorgeleſen, von den theologiſchen Facultäten zu Heidelberg und Straßburg aber gerade zu verworfen." S. 46. num. 2.

Antw. Die Univerſitäten zu Straßburg und Heidelberg, und die theologiſchen Facultäten daſelbſt ſind nicht einerley. Sey es, daß das Federſche Lehrbuch dieſen nicht gefällt; es wird hoffentlich von den übrigen Facultäten, die von der ſcholaſtiſchen Barbarey entfernter ſind, deſto mehr geſchätzet. Ein Buch mit Beyfall aufnehmen, und ſelbes zu öffentlichen Vorleſungen brauchen, iſt wiederum nicht einerley. Wenn ſchon das Federſche Lehrbuch auf den wenigſten katholiſchen Univerſitäten öffentlich vorgeleſen wird: ſo iſt doch ganz gewiß, daß ſelbes in allen katholiſchen Schulen, wo die philoſ. Studien blühen, mit außerordentlichem Beyfall iſt aufgenommen worden. Die Richtigkeit dieſer Ausſage kann Herr Profeſſor Louis bey unſern Buchhändlern erheben.

3. " Daß übrigens das Federſche Lehrbuch in der kaiſ. königl. Inſtruktion für die philoſ. Facultät als Muſter vorgeſtellt, und ſelbſt in Wien öffentlich darüber vorgeleſen werde, beweiſe für die Badenſchen Lehrſätze gar nichts. "

Herr Prof. Louis erlaubet sich dießfalls folgendermaßen zu räsonniren: " An der Rechtgläubigkeit und Frömmigkeit der höchstseligen Kaiserinn Königinn sey zwar ganz und gar nicht zu zweifeln. Allein es werden manchmal falsche und ahndungswürdige Sätze unter dem Namen der Fürsten geltend gemacht. Es seyn mehrere Katholiken der Meynung, die frömmste Kaiserinn habe zuweilen den Berichten solcher Männer, denen die nöthigen Einsichten in das geistliche Recht und in die theologischen Wissenschaften mangelten, zu viel getrauet. Die Katholiken haben auch nicht alles approbieren können, was auf Oestreichischen Universitäten seit einigen Jahren gelehret werde. Selbst der Herr Hofrath von Martini habe in dem Rieggerischen vom k. k. Hofe approbierten Lehrbuche mehrere Fehler entdecket, und zu verbessern für nöthig erachtet. Er wolle also alles Anstößige, das man aus den kanonischen und theologischen Lehrsätzen anführen könnte, geflissentlich übergehen, und sich nur auf einige philos. Sätze, besonders diejenigen, welche den 21. August 1776. in Gegenwart des Direktors, Decans und der ganzen philosophischen Facultät zu Prag vertheidiget worden, berufen. Diese seyn nichts anders als ein Auszug aus dem berüchtigten Buche des Helvetius vom Geiste, und anderer seines gleichen, die ganz Frankreich verabscheue." S. 47 — 53.

Antw. Welche Dreistigkeit! Herr Louis, ein in der gelehrten Welt unbekannter Mann, ein steifer Schultheolog getraut sich die würdigsten Männer, die unter der glorreichen Regierung Marien Theresiens dem Oestreichischen Schulwesen mit allgemein anerkanntem Ruhme vorstunden, und zum Theil noch vorstehen, der Unwissenheit und des Partheygeistes zu beschuldigen, ja sogar zu verdammen, und zu verketzern! Hier wäre der Ort von den Verdiensten zu reden, welche sich der unvergeßliche Bischof von Stock, und der unvergleichliche Abt Rautenstrauch theils durch ihre tiefe und ausgebreitete Einsichten in alle Theile der Theologie, theils durch ihren Eifer für die Erhaltung der reinen Lehre erworben haben. Allein wir würden dem größten Theile unserer Leser nichts, als längst bekannte Dinge sagen, und bey allem dem würden wir doch den Herrn Doktor Louis nicht überzeugen, daß seine Unverschämtheit wirklich Unverschämtheit ist. Der Tollkühne trägt kein Bedenken, das Andenken der größten und weise-

weiseſten Kaiſerinn ſelbſt zu entehren, da er ſich nicht ſcheuet, in Tag hinein zu ſchreiben, die Monarchinn habe unerfahrnen und unwiſſenden Referenten zu viel Glauben beygemeſſen. Er brüſtet ſich mit der vom Herrn Hofrathe von Martini vorgenommenen Verbeſſerung des Rieggeriſchen Lehrbuches, ohne zu wiſſen, worinn dieſe Verbeſſerung beſtehe, wie und mit welchem Erfolge ſie gemacht wurde. S. Uebereinſtimmung des Rieggeriſchen und Martiniſchen Lehrbuches vom kanoniſchen Rechte. Regensburg 1780. in 8.

Die Herren Theologen zu Heidelberg ſchützen vor: " Die in öffentlichen Schulen angenommenen, erlaubten, oder auch von dem Landesfürſten ſelbſt vorgeſchriebenen Lehrbücher können nur unter der Bedingniß, oder ſo lange gelten, wenn nichts, oder bis etwas der Religion und guten Sitten zuwiderlauffendes in denſelben entdecket werde. So ſeyn öfters die berühmteſten Werke, die viele Jahre hindurch auf den anſehnlichſten Univerſitäten, namentlich zu Wien im größten Anſehen geſtanden, nach und nach abgeſchafft, und verbothen worden. Es komme endlich auf die Entſcheidung der Biſchöfe und des päpſtlichen Stuhles an. Dieſer müſſe man gehorchen, und auch innerlich beypflichten." S. 102. 103. 104. ad b)

Antw. Der öffentliche Gebrauch oder die landesfürſtliche Empfehlung gewiſſer Lehrbücher macht dieſelben freylich nicht fehlerfrey; doch denken wir noch immer, es ſey nicht gar zu unlogiſch räſonniert, wenn man ſagt: Jedes Lehrbuch wird in den Oeſtreichiſchen Schulen auf allerhöchſten landesfürſtlichen Befehl vorgeleſen. Man trägt in denſelben die nämlichen Sätze vor, welche Wiehrl zu Baden vertheidiget hat. Alles dieſes geſchieht öffentlich, ohne mindeſte Widerrede, im Angeſichte der Biſchöfe, welchen man weder die Einſicht in das katholiſche Religionsſyſtem, noch den Muth, ſich erkannten Irrlehren mit apoſtoliſchem Eifer zu widerſetzen, abſprechen kann. Alſo muß in den Wiehrliſchen Sätzen kein ſo gefährliches Gift verborgen ſeyn, wie einige durch eine verdorbene Brille gukende Theologen vorgeben.

Es iſt noch nicht gar zu lange, daß einige katholiſche Lehrer Deutſchlandes die Untrüglichkeit und Monarchie des römiſchen Papſts und andere ultramontanistische Lehren mit mehrerem Eifer öffentlich zu bestreiten angefangen haben. Ihre Schriften machten Aufsehen, es entstunden die heftigsten Federkriege, die guten patriotischen Männer wurden verdammt, verketzert. Aber, Gott segne sie dafür! sie blieben standhaft, sie vertheidigten die gute Sache, so gut sie konnten, und da sie sahen, daß sie durch alle aus der Schrift und Kirchengeschichte hergehohlte Beweise nicht im Stande waren, den Nebel, mit dem ihre Gegner umgeben waren, zu zerstreuen, schützten sie sich durch das Ansehen der französischen Geistlichkeit, der Sorbonne, und einzeler französischen Gelehrten. Was geschah? Die Eiferer gaben nach, und sahen endlich ein, man würde sie mit Rechte eines Unsinnes, einer Starrköpfigkeit und Rechthaberey beschuldigen, wenn sie fortführen zu verdammen, was in einem ganzen katholischen Königreiche gelehret wird. Es wird nun hoffentlich jeder Leser die Anwendung auf den gegenwärtigen Fall, auf das Federsche Lehrbuch und die neuere Philosophie, zu machen im Stande seyn.

Freylich hat man zuweilen Bücher, welche ehemals in großem Ansehen stunden, sogar einige, über die man in öffentlichen Schulen gelesen hatte, abgewürdiget, und in die Klasse verbothener Schriften gesetzt. Mönche, und andere Verfechter der Barbarey und Hildebrandischen Monarchie, welchen die Einfalt der vorigen Zeiten die Bestimmung der Lehrbücher und das Censurgeschäft überlassen hatte, konnten ihre Waaren ungehindert einführen, und geltend machen. Man hat die Contrebande entdecket, und so sind Busenbaum, Monschein, Pichler, u. a. d. aus unsern Schulen verbannet worden.

Wir wollen übrigens den Herren Heidelbergern gerne zugeben, daß die von den Landesfürsten vorgeschriebenen Schulbücher nur in so ferne ihr Ansehen behaupten können, so lange man nichts wider Religion und gute Sitten darinn entdecket. Allein ist es denn schon ausgemacht und entschieden, daß in dem Federschen Lehrbuche gefährliche, Religion und Sitten verderbende Sätze enthalten sind? Wir denken nein, und sind gänzlich versichert, daß auch dem strengsten Orthodoxen, wenn er nur in der Philosophie nicht ganz fremde ist, nichts anstößiges, nichts ärgerliches, nichts, was sich mit unserm Glaubenssysteme nicht vereinbaren ließe, auffallen werde. Einmal, die Straßburgischen und Heidelbergischen Censuren

können

können hier gar nicht in Betrachtung kommen: denn sie sind ganz unphilosophisch, sie sind Geburten des Mißverstandes und der Uebereilung, die sich unmöglich rechtfertigen laßen. Nicht einmal im Bisthume Speyer will man sie im ganzen Umfange genehmiget haben, wie Herr Schmidt in seinen Erläuterungen über den aktenmäßigen Begriff S. 33. ausdrücklich anzumerken für gut gefunden hat.

Wenn man endlich über die Frage von der Orthodoxie jedes Satzes das Endurtheil des Papstes und der Bischöfe erwarten muß, warum haben die Herren Theologen zu Heidelberg und Straßburg so frevenlich vorgegriffen, die Badenschen Lehrsätze, und mit denselben das Federsche Lehrbuch so eigenmächtig verdammet?

III.

Die neuere und beßere Philosophie, die wir meistens von Protestanten erlernet haben, ist den Herren Censoren ein solches Aergerniß, daß katholische Lehrer sie nicht einmal nennen sollten. Um so weniger, wähnen die unphilosophischen Theologen, lassen sich die Wiehrlischen Sätze und das Federsche Lehrbuch entschuldigen, weil sie von dieser ketzerischen Philosophie abstammen.

I. Herr Professor Louis beweiset dieses (Geduld liebe Leser!) aus folgenden Gründen.

1. "Der Verfasser des philos. Gutachtens habe das Ansehen der Leibnizischen und Wolfischen Lehre selbst herabgesetzet, da er zugebe, daß Hollmann, Daries und Crusius selbe verbessert haben." S. 53. K. 1.

Antw. Der unbehutsame Verfasser hätte es freylich nicht sollen merken laßen, daß Leibniz und Wolf Menschen waren, deren Werke eben so wohl, als die Schriften der größten Theologen, verbessert werden könnten. Das theologische System des H. Thomas von Aquin ist es unverbeßerlich? Ist es nicht in vielen Stücken verbessert worden? Ist deßwegen die Summa D. Thomae der Auktorität unwürdig, die man ihr noch immer beyleget? Wenn berühmte Schriftsteller wegen einiger Fehler ihr Ansehen verlöhren, die heiligen

Väter und alle Theologen miteinander würden ihre Auktorität schon lange verlohren haben.

2. "Es sey thöricht, der katholischen Jugend dergleichen Auktoren aufdringen, und empfehlen wollen, deren Lehre den Protestanten selbst verdächtig sey. Der Freyburgische Verfasser hätte doch wissen sollen, wie viele, selbst protestantische Gegner Leibniz wegen seiner Theodicee gehabt habe, und daß Wolf als ein erklärter Feind der Offenbarung von Halle weggejagt worden sey. Der Kürze halber wolle er von diesen zween Philosophen nur eine Stelle anführen, die man in Bruckers Historie der Philosophie (Tom. V. P. II. Lib. I. Cap. VIII. §. XXX.) und in Dütens Sammlung der Werke des Herrn von Leibniz (Tom. I. pag. CXX. §. XXX.) finden könne." S. 53. 54. 55. Rz. 2.

Antw. Die Lehrer der Philosophie zu Freyburg sind kraft der kais. königl. Instruktion für die philos. Facultät vom 19. Jänner 1768 verbunden, die Werke eines Leibniz und Wolf ihren Zuhörern zum fleißigen Nachlesen bestens anzurühmen. Antworten Sie, Herr Louis! Sagen Sie dem kais. königl. Hofe, "Redactor catholicus, vtpote catholicae Vniuersitatis membrum, imprudenter catholicae iuuentuti obtrudere & commendare conatur auctores, quorum doctrina ipsis Protestantibus vehementissime fuit suspecta, ne quid fortius dicam." Man lese indessen, was Brucker am allegierten Orte §. 31, §§. 26. 27 vom Leibniz, und in Tom. VI. ad Period. III. P. II. cap. X. pag. 878 vom Wolf, was Dütens in der Vorrede pag. VII. von der Theodicee, und Kortholt pag. CCIX von der Leibnizischen Philosophie geschrieben haben. Wie hat doch Herr Louis diese Werke, worinn die entscheidendsten Proben der Vorzüge, der Verdienste, des unsterblichen Ruhmes unsers Leibniz und Wolf enthalten sind, wider dieselben citiren, wie hat er jenen S. 54 des Naturalismus beschuldigen; S. 55 aber als einen Verehrer der christlichen Religion anführen, wie hat er dem Verfasser des philos. Gutachtens in solchen Dingen das Wissen sollen vorwerfen können, worinn er, Herr Louis, so unwissend ist? Er hätte ja wissen sollen, daß ein Jesuit und Professor der Theologie zu Cölln, P. de Bose, die Theodicee ins Lateinische übersetzet hat;

daß

daß dieſe Ueberſetzung auf Befehl des P. Generals von dreyen gelehrten Jeſui-
ten, dem P. Tournemine, Huylenbroucq, und dem cenſore prouinciae
Romanae, P. Florentio beſonders iſt cenſiret, und durchaus gebilliget worden.
Er hätte wiſſen ſollen, was Anton. Genuenſis von der Wolfiſchen prakt.
Philoſ. geſchrieben hat. " Niſi (ſagt unſer Philoſoph *Element. Diſcipl. Metaph.
P. IV. de Leg. nat. cap. XIV*, §. 26) toto coelo aberro, nemo ante WOLFIVM
leges & iura hominum naturalia copioſius & e ſuis fontibus penitius hauſtas
docuit. Habet, non pugno, operis prolixitas, quod diſterreat huius aeui homines, delicatulos, minimaeque lectionis & contemplationis; ſed labor multa vtilitate non compenſatur modo, ſed longe vincitur. Interim lectorem amat
philoſophum, nec philoſophum tantum, ſed methodo geometricae ſuetum. "
Kein Wunder, daß die Wolfiſche Philoſophie den Herren Theologen zu Straßburg und Heidelberg nicht behagen will.

3. " Ob es denn keine von Katholiken verfaßte philoſ. Lehrbücher gebe,
daß man nur die Werke der Proteſtanten der katholiſchen Jugend aufdringe?"
S. 56. Q. 1.

Antw. Es giebt freylich auch brauchbare philoſ. Bücher, die von Katholiken ſind verfaſſet worden, z. B. Anton. Genuenſis. Allein daß die Väter
der Philoſophie, Leibniz und Wolf, Bilfinger, Canz, Baumgarten
und Böhm, Hollmann und Daries, u. a. m. Proteſtanten waren, deren
die vernünftigern Katholiken ſich fleißig bedienen, hat nun ſchon ſeine Richtigkeit. Wo ſagt aber das Freyburgiſche Gutachten, daß man nur dieſe, nicht
auch jene der ſtudierenden Jugend empfehlen ſolle?

4. " Daries habe von ſich ſelbſt geſchrieben, daß ſeine Metaphyſik und
prakt. Philoſophie vielen mißfallen, und Streitigkeit erreget, daß der berühmte
Moſer ihn für einen Atheiſten erkläret habe. Eben dieſes könne von Hollmann
und Cruſius geſagt werden, denen der Freyburgiſche Verfaſſer gleiches Lob
beylege." S. 56. Q. 2.

Antw. Sieht Herr Doktor Louis nicht, daß Daries, ſeiner guten Sache
bewußt, nur erzählt, was geſchehen iſt? Wie mag derſelbe über die Schriften ſol-

cher

cher Männer urtheilen, die er nicht einmal dem Namen nach kennet, viel weniger gelesen hat? Fünfmal nach einander (S. 47. 56. 57.) schreibt er Hellmannus statt Hollmannus. Den Crusius hat er eben so wenig jemals gesehen, und von allen Dariesischen Schriften dürfte er den einzigen viam ad veritatem etwa nachgeschlagen haben.

5. "Es wären die katholischen Jünglinge zu bedauren, denen die philosophischen Werke eines Hollmann, Daries und Crusius, die von den Ihrigen selbst für Atheisten seyn erkläret worden, vorgelesen würden." S. 56. 57. R. 1.

Antw. Nicht nur diese, sondern auch ein Locke, Grotius, Pufendorf, Böckler, Thomasius, Gundling, Heineck, Horn, Huber, Ziegler, Cocceji, alle diese werden auf Oestreichischen Universitäten den Zuhörern instruktionsmäßig zum fleißigen Nachlesen bestens angerühmt. O ihr unglücklichen Jünglinge! Fort mit diesen Atheisten. P. Schwan, P. Gribner, P. Werenko, P. Desing und andere vernunftscheue Lehrer des Rechts der Vernuft würden euch bessere Dienste thun.

6. "Daß aber die Werke dieser Männer auf allen katholischen Universitäten vorgelesen werden, sey falsch. In der Litteratur des kathol. Deutschlands, die zu Coburg herauskomme, finde man bis auf das Jahr 1780 keine Spur davon." S. 57. R. 2.

Antw. Das philos. Gutachten sagt nirgends, daß die Schriften dieser Männer auf allen kathol. Universitäten vorgelesen, sondern daß sie durchgängig gelesen, und nach Verdienst hochgeschätzet werden.

II. Die Herren Heidelberger führen beynahe die nämliche Sprache, wie Herr Louis. Sie sagen:

1. "Leibniz habe behauptet, daß ein auf die Lehrsätze der christlichen Religion gegründetes Natur- und Völkerrecht noch ein bloßer Wunsch sey. Sein Ansehen werde also in Absicht auf die Wiehrlischen Sätze, und überhaupt auf die Methode, das Naturrecht allein aus philosophischen Gründen zu lehren, nicht schicklich allegiret." S. 104. ad c.) S. 54. 55.

Antw.

Antw. Die Herren Censoren haben Leibnizen gar nicht verstanden. Leibniz wünschte ein solches Natur- und Völkerrecht, worinn nicht nur das äusserliche oder Zwangsrecht, sondern auch die innern Pflichten gegen Gott, gegen sich und andere erkläret, und die Beweise aus der Unsterblichkeit der Seele, und den Vollkommenheiten Gottes, hergeleitet würden. Nun ist aber dieser Wunsch längst erfüllet, und die Verbesserer der prakt. Philosophie haben schon vor mehr als 50 Jahren angefangen, das Naturrecht und die ganze philos. Moral auf diese Art zu vervollkommnen. Weiß man zu Straßburg und Heidelberg noch jetzt nichts davon? Oder meynen die Herren Censoren etwa gar, Leibniz habe statt eines gründlichen und vollständigen Natur- und Völkerrechts ein Ius naturale positivum, ein monstrum iuris, entwerfen wollen: Glauben sie, er, der die Würde der Vernunft zu einem so hohen Grade erhob, habe, wie Desing und Werenko, den Gebrauch derselben in Erklärung derjenigen Regeln, welche ihren Grund in unsrer Natur haben, und nicht von außen müssen hergeholet werden, einschränken, oder wohl gar verdächtig machen wollen. So schief können nur unphilosophische, und mit dem Desingischen Fanatismus angesteckte Theologen denken. Man darf übrigens die aus der Vorrede ad Cod. Iur. Gent. dipl. §. *sed praestat &c.* allegierte Stelle (*Leibnit.* Opp. Omn. Tom. IV. P. III. pag 294.) nur ganz lesen, und mit dem, was Herr Prof. Feder in der allgem. prakt. Philos. §§. 55. 56. §. 58, und in der Moral §. 43 geschrieben hat, vergleichen; so wird jeder vernünftige Leser einsehen, wie weit die Herren Censoren die Scheibe verfehlet haben.«

2. " Die Wolfischen Irrthümer haben Desing, Sutor, Schwarz, und aus den Protestanten Vatel aufgedecket, so, daß die Wolfianer bis auf den heutigen Tag die Antworten schuldig geblieben seyn." S. 105. ad d)

Antw. Ist es möglich, daß noch im Jahre 1781 eine ganze theologische Facultät die Verdienste des großen Wolfs und seiner Schule so sehr mißkennet, Vatels Untersuchungen für eine Refutation der Wolf. Philos. ansieht, und einen Desing und Schwarz, diese albernen Scholastiker, die den Vater der Wissenschaften nicht verstunden, demselben an die Seite setzet?

IV.

IV.

Die Uebereinstimmung der Wiehrlischen Sätze mit jenen, die in unsern Schulbüchern enthalten sind, können die Herren Censoren nicht läugnen. (S. 71. 72. ad 6. S. 82. num. I.) Doch wollten sie diesen Punkt, als wenn sie den Beruf hätten, alles zu bestreiten und zu verdammen, nicht unberührt lassen. Sie sagen:

1. "Es sey gar nicht philosophisch, die Badenschen Lehrsätze durch das bloße Ansehen gewisser Schriftsteller rechtfertigen zu wollen. Besonders aber sey die Auktorität des Baumeisters, von Martini, und Steinachers nicht so groß, daß man durch bloße Anführung derselben die Sache für entschieden halten könnte." S. 57. 58. 59. (f.) S. 105. num. II. S. 107. num. III. ad *alter.*

Antw. In dem philos. Gutachten wird ausdrücklich angemerket, daß man mit diesen Auktoren nicht die Wahrheit, sondern nur die Uebereinstimmung der angefochtenen Lehrsätze mit denen, die in Oestreichischen und anderen katholischen Schulen angenommen sind, beweisen wolle.

2. "Der Verfasser des philos. Gutachtens schließe so: Feders Lehrbuch werde auf Oestreichischen Universitäten vorgelesen: also sey es von allen Fehlern befreyet. Die Lehrsätze werden auf selben gelehret: also seyn sie wahr." S. 53.

Antw. Nein, Herr Doktor Louis, wir schließen so: Das Federsche Lehrbuch und die daraus gezogenen Sätze werden in Oestreichischen Schulen, wo man über Orthodoxie festhält, gelehret. Also enthalten sie nichts wider die ungezweifelte Lehre der katholischen Kirche. So richtig dieser Schluß ist, so unrichtig sagt Herr Louis, daß es der Kirche zustehe, die Glaubenslehren vorzuschreiben (praescribere doctrinam fidei & morum). Gott kann vorschreiben; die Kirche kann das Vorgeschriebene nur erklären. Was ist aber von einem Manne zu erwarten, der die bekanntesten Sätze von Vorurtheilen und gelehrten Zweifeln *) mit verdachtvoller Mine ansieht, und eben

dadurch

---

*) Die im Monate May 1775 zu Prag erschienen sind. Herr Louis stößt sich besonders an folgenden:

dadurch zu verstehen giebt, mit welcher Menge von Vorurtheilen sein Kopf umnebelt seyn müsse.

3. "Baumeister sollte eben darum der katholischen Jugend behutsamer angerühmet werden, indem er ein purer Wolfianer sey. Man wage schon viel, wenn man im Gebrauche der Vernunft protestantische Schriftsteller zu Führern wähle." S. 61. 62. num. 4.

Antw. Herr Doktor Louis wußte ja, daß Baumeisters Lehrbücher in den Oestreichischen Schulen auf allerhöchsten Befehl vorgelesen werden, und daß er hiemit den kaiserl. königl. Hof selbst einer Unbehutsamkeit beschuldige. Von den Vorzügen der Protestanten in der Philosophie, die Herr Louis aus Unwissenheit verkennet, nichts zu melden, ist es etwa minder gefährlich, ist es erbaulicher den Aristoteles und die Araber, Heyden und Mahumedaner zu Führern wählen, als Protestanten? Giebt es denn auch eine unkatholische Vernunft, ein ketzerisches Einmaleins, ein lutherisches A B C?

4. "So sehr man den Herrn von Martini zu Freyburg und Wien erhebe, so wenig habe er andern Lesern gefallen, die dafür halten, daß er öfters unverständliche, öfters seichte und schiefe, zuweilen auch falsche Sätze in wohlklingende Worte gekleidet habe. Die Definition des Gesetzes allein beweise dieses genugsam. Die uralte und allgemein angenommene Definition, ordinatio rationis ad bonum commune ab eo, qui curam communitatis habet, promulgata, zu verbessern, habe er in einer Abhandlung über die Sätze aus

Pag. 4. Omnia praeiudicia sunt auctoritatis praeiudicia.
Omnes aetatis tenerae & educationis opiniones sunt praeiudicia.
AVCTORITAS HVMANA AD DOGMATA APPLICATA nullam praescriptionem, sed praeiudicia turpissima generat.
Dubitatio est unicum ab erroribus & praeiudiciis se se extricandi remedium.
Pag. 5. De omnibus aliquando dubitandum, praecipue de opinionibus ab aetate tenera profeßis & antiquitate.
Quo maior antiquitas, eo maior esse debet dubitatio; ea & a scepticismo & a negatione differt.
Illa definitio, quae id probabile dicit, quod vel omnibus, vel plerisque, vel sapientibus vel maxime celebribus videtur, PRAEIVDICIVM est, non probabilitas. (S. 57. 58.)

dem Rechte der Natur folgende aufgestellet: Lex est repraesentatio copulationis elaterum seu stimulorum connexorum cum actionibus arbritrariis animalis hypothetice talis. Wie man es doch übel deuten könne, wenn man von Männern, die mit überspannter Denk- und Schreibart in solche Dunkelheiten verfallen, auch andere Fehler vermuthe?" S. 62. num. 5. S. 106. ad g.)

Antw. Hier will uns keine Antwort gelingen. Sind die Herren Censoren von Sinnen? Sind sie gar so unwissend? Sind sie so unverschämt, daß sie handgreifliche Unwahrheiten in Tag hineinzuschreiben sich nicht scheuen? Wo, um alles in der Welt, hat der würdige Herr von Martini eine so possirliche Definition auch nur geträumet? Lesen sie doch, meine Herren, das *Cap. II.* und besonders die §§. 68. 69. 70. 71. in des Herrn von Martini *Posit.* und *Exercitat. de Leg. nat.* Lesen sie das *Cap. II. & III.* in Baumeisters *Philos. pract. vniuers.* Lesen sie die Vorrede, mit der man den Nachdruck des von Martinischen Lehrbuches selbst an dem Orte gezieret hat, von wo aus man den Febronius bekehren wollte. Erwägen sie endlich die Regel, die zwar in einer lutherischen Logik steht, für die katholischen Herren Theologen zu Straßburg und Heidelberg aber eigentlich gemacht ist. Sie lautet so: Caue existimes, alteri statim esse obscuram ideam eius rei, quam tu obscure, nec clare satis percipis. Qui hebetioris est ingenii, ei philosophorum & scripta & placita ita obscura sunt, vt, vix ea a quoquam intelligi posse, sibi persuadeat. At aliis, qui acutius vident, tam clara sunt, vt de nulla conquerantur obscuritate.

5. " Herr Prof. Steinacher zu Würzburg habe in seiner pract. Philosophie verschiedene Grundsätze gelehret, die man, weil sie der hergebrachten Lehre zuwider waren, verworfen habe." S. 66. num. 3. 4. S. 106. ad h.)

Antw. Wir wissen, daß Herr Prof. Steinacher von eben so unphilosophischen Theologen, wie Herr Prof. Wiehrl, ist mißhandelt worden. " Ein benachbarter —, (sagt der Schlözerische Briefwechsel Heft *XLVI.* S. 239. Not. *) wollte an diesem jungen Lehrer (Steinacher) zum Ritter werden, und machte ungefehr eben solche Luftstreiche, wie hier der Concipient; aber Herr

Herr Steinacher parierte sie aus, und sein erleuchteter Bischof, berathen von dem berühmten Herrn Michael Ignaz Schmidt (den man von seinem minder bekannten Bruder, einem Exjesuiten in Bruchsal, wohl unterscheiden muß), hieß den rüstigen — sein theologisches Messer beystecken. Und seitdem geht Herr Steinacher seinen Weg ungehindert fort." Wir wollen aber diesem rüstigen Benachbarten eine andere Gelegenheit zeigen, wo er seinen Eifer abkühlen kann. Seine Herren Ordensbrüder in dem Reichsstifte Schussenried in Oberschwaben haben sich schon im Jahre 1778 zur Wiehrlischen Ketzerey öffentlich bekennet. Sie lehren, daß die prakt. Philosophie aus der Vernunft allein zu erklären sey; daß die Selbstliebe (Philautia) der einzige ursprüngliche Grundtrieb des Menschen, und das erste Gesetz der Natur sey; daß die Erhaltung seines Lebens die Grundpflicht sey, welche die Vernunft jedem Menschen gegen sich selbst vorschreibt; daß Ehrfurcht, Liebe und andere Pflichten gegen Gott die unmittelbarsten Folgen der Selbstliebe seyn; daß die Pflichten gegen Nebenmenschen aus eben dieser Selbstliebe herfließen. Hier hätte der Benachbarte und andere Gegner des Herrn Steinachers Materie genug, über welche sie ihren theologischen Eifer ausgießen könnten. S. Systema studii philos. in Canonia Sorethana. Vlmae ap. Vlr. Wagner in 8. 1778.

V.

Endlich meynen die Herren Censoren, man könne die Badenschen Lehrsätze, und das Federsche Lehrbuch nach Herzenslust verketzern und verfluchen, ohne die Philosophie überhaupt, am allerwenigsten die katholischen Universitäten und Höfe, zu beleidigen. S. 57. (L) S. 105. ad e.) Ein ganz anders Bewandniß habe es mit einzelen Oestreichischen Professoren und Gelehrten. So läßt Herr Louis das allerdurchlauchtigste Haus gut katholisch seyn; "daraus folge aber nicht, daß alle Professoren auf Oestreichischen Universitäten katholisch lehren. Viele seyn einer andern Meynung." (S. 59. num. 4.) So glauben auch die Herren Heidelberger, daß zwar der kaiserl. königl. Hof über Orthodoxie fest halte; daß aber dessen Befehle und Absichten vollzogen werden, sey man eben noch nicht versichert. S. 105. ad f.)"

Antw. Noch einmal. Wer die Badenschen Lehrsätze als anstößig und gefährlich für Religion und Sitten verdammet, der muß das nämliche Urtheil über die Federschen Schriften, und überhaupt über die ganze neuere Philosophie, folglich auch über alle die katholischen Höfe und Universitäten, wo dieselbe empfohlen und gelehret wird, ergehen lassen. Dieser Schluß ist nicht nur an sich selbst richtig, er ist von den verdammenden Theologen ipso facto bestättiget worden. Denn die theolog. Facultät zu Straßburg (S. 23.) vergleicht den Herrn Prof. Feder mit dem Epikur, Spinoza, Hobbes, Helvetius, Rousseau und andern Irrlehrern. Prof. Louis führt den Leibnitz und Wolf als erklärte Feinde der Offenbarung an (S. 54.), und hält dafür, daß Hollmann, Daries und Crusius mit Grunde des Atheismus seyn beschuldiget worden (S. 56. 57.) Die theol. Facultät zu Heidelberg bestättiget alle die Vorwürfe, die Desing und Schwarz der Wolfianischen Philosophie gemacht haben (S. 105), und meynet also, die von Martinischen, Baumeisterischen, und andere dergleichen Bücher, die auf Oestreichischen Universitäten gebraucht werden, dürften eben so anstößige und irrige Lehren enthalten (S. 105. 107.). Was ist nun von jenen katholischen Höfen, Universitäten und Schulen zu halten, von welchen eben diese Bücher approbieret, zu öffentlichen Vorlesungen gebrauchet, und der studierenden Jugend empfohlen werden? Umsonst würde man sich bemühen, sie zu entschuldigen. Oder kann man wohl behaupten, ein Fürst sey wahrhaft orthodox, wenn er zuläßt, daß in seinen Schulen ärgerliche, anstößige, irrige und ketzerische Sätze verbreitet werden? Freylich sagen die Herren Heidelberger, der kaiserl. königl. Hof halte über Orthodoxie fest (S. 105.), und Herr Louis läßt zu, das allerdurchlauchtigste Haus sey gut katholisch (S. 59); aber da sie den Freyburgischen Verfasser, die Oestreichischen Lehrer und Schulen fast auf jeder Seite irriger, gefährlicher und ketzerischer Lehren beschuldigen, so läuft das Compliment, das sie unserm Hofe machen, am Ende bloß dahinaus, das Erzhaus sey zwar katholisch formaliter, nicht aber materialiter. Unsere Leser werden uns zu gut halten, daß wir uns hier der Schulsprache bedienen. Es geschieht den Herren Theologen zu Lieb, damit wir versichert sind, daß wir von ihnen verstanden werden.

VI.

VI.

Wider den ersten Satz aus der allgem. prakt. Philosophie (Wir begehren das, was wir im Verhältnisse mit dem Trieb zur Glückseligkeit erblicken, das Gegentheil verabscheuen wir: der Willen hängt also vom Verstande ab, oder nach der Wiehrlischen von den Opponenten angenommenen Uebersetzung, *Ratio determinans appetitionum nostrarum est ipsa repraesentatio boni, voluntas igitur pendet ab intellectu*) wurde in der Privat-Disputation eingewendet: " Si ratio determinans appetitionum nostrarum esset ipsa repraesentatio boni, sequeretur, voluntatem nostram per repraesentationem fortiorem necessitari ad certam actionem." Das philos. Gutachten hat die Antwort des Defendenten (si in potestate nostra non esset per subtractionem attentionis motiva fortiora minuere, & excitare opposita fortiora, *Conc.* Cum autem hoc in potestate cuiusuis sit, se negare) mit dem Beysatze bestättiget, " 1) daß wir ohne Beweggründe, oder wenn dieselben gleich sind, nichts wollen können, und daß also der Machtspruch: *volo, quia volo* Unsinn, und ein bloßes Hirngespinnst sey, der Lästerungen ungeachtet, womit Mako, Storchenau, Zallinger u. a. d. diese Wahrheit verketzern." 2) Daß die Beweggründe nur eine bedingte oder sittliche Nothwendigkeit mit sich bringen, die, weil wir jede Vorstellung willführlich alterieren können, mit der Freyheit gar wohl bestehe. " Dawider wissen nun die Herren Censoren eine Menge Einwendungen zu machen.

I. Herr Louis läßt diesen Lehrsatz, ob er ihm gleich verdächtig ist (S. 59), aus Gnaden so hingehen; bezeigt sich aber desto ungehaltener über jenes, was das philos. Gutachten beygesetzet hat.

1. " Was wirklich existiere, könne kein Unding seyn; daß wir aber ohne einen Beweggrund etwas wollen können, sey wirklich so: denn da Luther das Wort allein in die Stelle ad Rom. III. v. 28. eingeschoben, bekenne er selbst, daß er keinen Beweggrund dazu gehabt habe. Luther refutire den Doktor Schmid und Roßlöffel auf eben die Art, wie der Freyburgische Verfasser den Mako, Zallinger und Storchenau. " S. 60. num. 1.

Antw.

Antw. Wir geben gerne zu, daß man öfters, ohne einen vernünftigen Beweggrund zu haben, etwas unternehme, z. B. wenn man so ungereimte Einwendungen niederschreibt, und den Leuten so unartig begegnet, wie Herr Louis hier gethan hat.

2. "Wenn wir im Falle, da die Beweggründe gleich sind, nichts wollen könnten, so würde ein hungeriger Doktor, den man zwischen zween ganz gleiche Laib Brods sezte, verhungern müssen, wie Buridans Esel, welcher, nachdem er aus Frankreich vertrieben worden, die Universität zu Wien in Oestreich errichtet habe." S. 60. 61. num. 2.

Antw. Der hungerige Doktor würde, ohne sich lange zu besinnen, den Laib zur linken Seite ergreifen, damit er mit der Rechten dem unbescheidenen Doktor Louis die Thüre weisen könnte. Wozu die Anecdote, ficut famosus ille asinus Buridani, celeberrimi quondam in studio Parisino professoris, & deinde, dum exul factus est, fundatoris vniuersitatis Viennensis in Austria, siue Vindobonensis? Wie, wenn man so ungesittete Sticheleyen retorquieren, wenn man sagen wollte, der gelehrte Buridanus habe seinen Esel, ehe er über den Rhein gieng, zu Straßburg irgendwo stehen lassen?

3. "Entweder haben Mako, Zallinger, Storchenau in der Lehre von der Freyheit des Weillens geirret, oder nicht. Jenes könne mit der Ehre der Universität zu Wien, an der Mako und Storchenau öffentlich lehrten, nicht bestehen, und ziehe die Folge nach sich, daß auch auf Oestreichischen Universitäten falsche Säze gelehret werden können." S. 61. num. 3.

Antw. Allerdings haben sie geirret; aber der Ehre Oestreichischer Universitäten unbeschadet. Nur grobe und gemeinschädliche Irrthümer entehren, und zwar nur in jenem Falle, wenn sie von ganzen Fakultäten, wie zu Straßburg und Heidelberg, behauptet werden.

4. "Der Auktorität des allegierten Baumeisters und von Martini könnte man die Auktorität aller katholischen Lehrer der Philosophie entgegen stellen. Statt aller solle man nur den P. Desing lesen, und hören, was Anton. Genuensis

nuenſis (P. III. Element. Metaphyſ. Cap. IV. ad Propoſ. 40. not. 1.) von der Freyheit des Willens ſage." S. 62. num. 6.

Antw. Alle katholiſche Lehrer der Philoſophie! Deſing ſtatt aller! Hat doch Herr Prof. Steinmeyer in ſeinen Inſtitut. Metaphyſ. P. I. Ontolog. §. 9. Schol., die er noch als Jeſuit im Jahre 1772 mit Erlaubniß ſeiner Ordensobern herausgab, eben das gelehret, was das philoſ. Gutachten von der Freyheit des Willens ſagt. P. Deſing mag ein guter altmodiſcher Pädagog geweſen ſeyn, der aber unter den Philoſophen eine Figur macht, wie Saul unter den Propheten. Doch dergleichen Schwachheiten wollten wir dem Herrn Louis gerne noch verzeihen: wir begreifen wenigſt, wie er ſie begehen konnte. Aber aus dem allegierten Cap IV. des Anton. Genuenſis unſere Grundſätze von dem Willen und der Freyheit widerlegen wollen, iſt ein Frevel, der in ſeiner Art um ſo abſcheulicher iſt, weil Anton. Genuenſis daſelbſt gerade das Gegentheil ſagt, und noch in einem beſondern Appendice de libertatis natura & proprietatibus weitläuftig beweiſet, daß wir ohne Beweggründe, oder wenn dieſelben gleich ſind, nichts wollen können, daß folglich das *volo*, *quia volo*, die *indifferentia perfecti aequilibrii* eine Chimäre ſey. Seine Worte ſind: "Perſpicuum eſt, *turpiſſime* in ſtatu quaeſtionis hallucinari, qui libertatem ita concipiunt, *ut omne motiuum excludat*; talis enim libertas nec vlla eſſe poteſt, & naturae rationali repugnat. *loc. cit Propoſ. 43. Schol.*" "Ratio ſufficiens, qua facultas huiusmodi *electionum, ceſſationum, auerſationum* liberarum ſeſe regit, ratio eſt boni vel mali. Nam tota ratio ſufficiens, cur aliquid eligamus, ratio eſt boni, ſeu potius *bonum ipſum repraeſentatum & obiectiuum:* & tota ratio, cum aliquid auerſemur, eſt ratio mali, ſeu *malum ipſum repraeſentatum. loc. cit. Append. §. 4.*" "Duo *bona obiectiua aequalia*, ſed oppoſita, inclinationem quidem *generalem* & vagam progignere poſſunt, *particularem* vero nullam. — — Quum inclinationes animi peculiares ſint animi erga peculiaria obiecta determinationes ſeu inflexiones, nec poſſit ſimul in oppoſitas partes animi appetitus ipſe per ſe flecti, ob aequalitatem vero bonorum ne in alterutram quidem; efficitur, vt, quousque bona illa obiectiua ſunt aequalia, nullam peculiarem inclinationem producant. Quare ſi in alterutro mens ſeſe determinat, id quod ob finitam horum appetituum efficaciam, & libertatem poteſt, non inde determinetur, ſed alias rationes ſectetur, neceſſe eſt. *loc. cit. Append.* §§. 12. 15. Geſtehen Sie uns jetzt nur aufrichtig, Herr Doktor Louis, daß Sie, wie alle Welt erkennen wird, die Auktorität unſers Anton. Genuenſis recht unbeſonnen, ne quid fortius dicam, mißbrauchet haben; geſtehen Sie es, und werden Sie roth.

5. "Die Freyheit, die man auf Oeſtreichiſchen Univerſitäten lehre, und die Calviniſche Freyheit ſeyn einerley. Jene gründe ſich auf dieſen Satz: Neceſſitas hypothetica non tollit contingentiam, adeoque nec libertatem actionis. Dieſe aber ſetze folgenden voraus: Nulla neceſſitatis hypotheticae ſpecies euertit contingentiam ſeu libertatem. — — Et ſic (ſo ſeufzt Herr Louis) docetur in vniuerſitatibus catholicis! O priſca patrum noſtrorum fides!" S. 63. 64. num. 8.

Antw. Daß wir leben, daß wir eine Seele haben, Vergnügen und Schmerzen empfinden, dieß lehren Juden, Türken, Heyden, Calviniſten und Lutheraner. Iſt man zu Straßburg, zu Paris, zu Rom auch dieſer Meynung? — O priſca patrum noſtrorum fides! An der Richtigkeit des Gleichniſſes zweifeln Sie nur nicht. Anton. Genuenſis ſagt: Me eſſe liberi arbitrii, quod ex meis notionibus me, appetitusque meos moderor, eodem ſenſu ſcio, quo me eſſe; huius futurus incertus, ſi ſum illius. *loc. cit. Append.* §. 3. Wollten ſie ſich an der neceſſitate hypothetica ſtoßen, ſo hören ſie, was der belobte Anton. Genuenſis davon ſagt: "At ſunt inclinationes aliae & declinationes peculiares, quae etſi generalium illarum moderatione & determinatione in obiecta particularia exſiſtunt, earum tamen exiſtentiae *ratio ſufficiens* ſunt ideae bonorum vel malorum peculiarium, voluptate aut dolore naturam noſtram percientes, ac flectentes. In his patiendis libertas mixta cum *neceſſitate quadam* nobis ineſt. Et quidem liberi ſumus in *vtendo*: poſſumus ſaepe earum cauſſas, ideas nempe bonorum vel malorum peculiarium auertere, in *conſultationem* rationis reuocare, perpendere accuratius, quandoque etiam exhibere nobis alias, aut eas inueſtigare, atque interim a prioribus animum tantisper abducere. — At poſitis ſemel fixisque notionibus boni vel mali, indeque genita irritatione inſtrumenti, & ob arctam connexionem *rationis & appetitus*, excitatis animi commotionibus, inuita mens eas patitur, vt nequeat *ſubita* voluntate compeſcere. — — Quod Scholae aliis efferunt verbis, *non poteſt mens bonum qua bonum auerſari, malum qua malum ſectari.* — — Haec neceſſitas *hypothetica* dicitur & *conſequens*. *loc. cit. Append.* §.§. 9. 10. In ea enim facultate *conſultandi* ſuper natura finitorum bonorum, aut infiniti obſcure cogniti, quae ſarta tecta homini ineſt, dum heic inter bona finita verſatur, *libertas indifferentiae* poſita eſt, quemadmodum praeclare BB. Auguſtinus & Thomas docuere. *loc. cit. Append.* §. 32. Sollten Sie endlich noch zweifeln können, ob Anton. Genuenſis in dieſen Stellen wirklich das nämliche von der Freyheit lehre, was das philoſ. Gutachten, was die darinn angeführten Baumeiſter und Herr von Martini, was die Leibnizianer und Wolfianer von derſelben behaupten; ſo erkundigen Sie Sich in Storchenaus *Inſtit. Metaphyſ. Lib. III. Pſychol.* §. 122. *Schol.* 2. §. 123. Sie werden ſelber finden, daß auch der gute Anton. Genuenſis mit einem, wie Sie ſagen, Calviniſchen Begriffe von der Freyheit behaftet war.

6. "Selbſt Bail (forte non ſuſpectus redactori, ſagt Herr Louis) fodere zur Freyheit im eigentlichen Verſtande, daß die Seele ohne Beweggründe, oder wenn dieſelben auch gleich ſind, handeln könne. Nun aber müſſe jeder Katholik (concil. Trident. Seſſ. VI. Cap. I & Can. 4. 5.) die Freyheit der Seele im eigentlichen Verſtande zugeben." S. 63. num. 7.

Antw. Non ſuſpectus? Meynen Sie Herr Inquiſitor? Sie wiſſen ja aus obiger Antwort, was Anton. Genuenſis, gemäß der Lehre des H. Auguſtin und Thomas, zur Freyheit im eigentlichen Verſtande fodert, und was Sie dem Concil. Trid. ſchuldig ſind. Schließen Sie nun ſelbſt, ob Sie und die Vertheidiger der indifferentiae perfecti aequilibrii einen vernünftigen, orthodoxen Begriff von der Freyheit haben.

II. Die Herren Theologen zu Heidelberg halten dafür, der Verfaſſer des Freyburgiſchen Gutachtens hätte in dieſer Materie beſcheidener und behutſamer ſchreiben ſollen. Denn

1. "Er habe die vortrefflichen Männer Mako, Storchenau, Zallinger, als Ketzermacher angeschwärzet. Allein wenn man alle Stellen durchlese, wo selbe die Leibnizischen und Wolfischen Grundsätze von der Freyheit des Willens untersuchen, so finde man nirgends, daß sie Jemanden verketzern: es sey auch ganz unbekannt, wo man den Wolfianischen Begriff vom freyen Willen zur Wahrheit erhoben habe. Durch bloße und nur hingeworfene Angaben werde weder das Ansehen dieser Männer, noch die Gründe derselben im mindesten entkräftet." S. 108. ad num. 1.

Antw. Nicht von Ansehen und Würde der Personen, sondern von Lehrsätzen ist hier die Rede, und von Beschuldigungen, womit gewisse Leute diese Lehrsätze verunglimpfen. Das philos. Gutachten hat bedächtlich gesagt, daß Mako, Storchenau, Zallinger, nicht gewisse Personen, sondern diese Wahrheit zu verketzern pflegen. Wahrheiten nennen wir aber alle jene Sätze, die wir für hinlänglich erwiesen halten. Was denselben widerspricht, ist nach unserm Sinne falsch. Denkt man zu Heidelberg etwa anders? Nun zur Sache selbst.

Es ist, leider, nur gar zu bekannt, daß man in katholischen Schulen bis in die Jahre 1760 von keiner andern, als erbärmlich schlechten scholastischen Philosophie etwas hörte. Dedelley, Du Trieu, Joseph und Maximus Mangold, Redlhamer, Anton Mayer, u. a. d., dieß waren die herrlichen Werkzeuge, womit der Grund zur Bildung katholischer Jugend gelegt wurde. Die Dialektik von Du Trieu war auch unser Schulbuch. Wir besitzen es noch: es ist die zweyte Auflage von 1620. Man erwäge um des Himmels willen, von 1620 bis 1760, beynahe anderthalb Jahrhunderte, thaten unsere philos. Schulen nicht einen Schritt vorwärts. Die Logik und Metaphysik wurden immer äußerst schlecht gelehret. Jene war nichts anders, als eine bloße dürre Syllogistik, und diese bestund in erschrecklichen Barbarismen, in Grillenfängereyen und leeren Distinktionen. Die praktische Philosophie hatte man mit allem Fleiße ausgemustert, und das unentbehrliche Studium der Mathematik hielt man für ein höchst zufälliges Nebending. Die Physik allein wurde mit einigem Eifer getrieben; aber sie trat auch an die Stelle der gesamten Philosophie. Physicus und Philosophus wurden Synonyma. In den bey öffentlichen Disputationen

nen herausgekommenen Thesibus waren gemeiniglich 30 Sätze aus der Physik gegen einen aus der Logik oder Metaphysik. Ein artiges, wohl proportionirtes Corpus philosophiae! Wer einen ausführlichern Bericht von dem Zustande der Philosophie in katholischen Schulen verlangt, lese die Litteratur des kathol. Deutschl. I. Band. I. Stück. S. 118. 122. ff.

Indessen hatten Leibniz und Wolf, Bilfinger und Canz, Hollmann und Daries, u. a. unter den Protestanten seit dem Anfange dieses Jahrhunderts überall Licht und Wahrheit verbreitet. Aber die geschwornen Feinde der Aufklärung hatten ihr bey uns alle Zugänge verschlossen, daß kein Stral durchdringen konnte, und wenn ein Mann von Talenten Neigung zur Wolfianischen, zur bessern Philosophie verrieth, der mußte lange der Gegenstand ihrer unwürdigen Verfolgung seyn. Zuletzt waren sie doch nicht vermögend, dem mit Gewalt einbrechenden Lichte zu widerstehen. Das allgemeine Ansehen der Wolfischen Philosophie zwang sie zur Nachahmung, und sie sahen sich nach langem Zögern in die traurige Nothwendigkeit versetzt, sich mit den verhaßten philos. Werken der Protestanten bekannt zu machen. Nun erschienen seit 1760 Mako, Storchenau, Steinkellner, Horvath, Stattler, Zallinger. Obgleich alle diese ihr Bißchen neuere Philosophie aus protestantischen Lehrbüchern erlernt — Mako hat den Baumeister, Storchenau den Daries und Böhm, Stattler Böhms praktische Logik fleißig ausgeschrieben, wie sich jeder, der sich die Mühe nehmen mag, eine Vergleichung anzustellen, durch den Augenschein überzeugen kann — so war doch keiner so aufrichtig, seinen Lehrmeistern, den Protestanten, das gebührende Lob beyzulegen, die Quelle, aus der er geschöpft hatte, zu nennen, und seinen Lehrlingen zum Nachlesen anzurühmen; vielmehr schrien und lärmten sie bey jeder Gelegenheit wider die Wolfianer und Leibnizianer, als wider die gefährlichsten Leute, und verdammten, brandmarkten, lästerten ihre Lehren mit unerhörtem Stolze. Dem ungeachtet, daß die Grundsätze der Leibniz-Wolfischen Philosophie, nach Anleitung der vortrefflichen von Martinischen Lehrbücher über das Naturrecht, auf allen Oestreichischen Universitäten öffentlich gelehret wurden; fuhren sie doch fort, dieselbe, wo und wie sie nur immer konnten, verdächtig und verhaßt zu machen.

Steinkellner scheute sich nicht, den prakt. Theil der Wolfianischen Philosophie auf die unwürdigste Art zu verläumden. Vt adeo (sagt er in *Inflit. Philof. moral. Vol. I. P. II. Cap. XII. pag.* 285) hoc *Wolfii* principium (*Faca, quae te perfectiorem efficiunt*) folis verbis difcrepare videatur a ceteris, quibus abfolute vel vtilitas, vel felicitas *hujus duntaxat vitae*, pro iuris naturae principio conftituitur.

Stattler beftürmte mit einer Praferey, die ohne Beyfpiel ift, den theoretifchen Theil derfelben. Profiteor (fchreibt er in Philof. P. II. §. 1. Schol.**.) eo me perpetuo collimaffe, vt notionibus Wolfianis, paffim aut falfis, aut oppido imperfectis adhucque obfcuris, meliores magisque completas fubftituerem. Neque tamen multis laborandum mihi eenfui, vt Wolfianas notiones fingillatim refutarem. Nimis mihi longus & multum inutilis is labor vifus.

Mako, Storchenau und Zallinger können beynahe auf jeder Seite contra Leibnitianos & Wolfianos. Nur eine oder die andere Probe über die vorliegende Materie wird genug feyn.

Mako Inftit. Metaphyf. Ontol. §. 23. *Schol.* "Vrbem philofophiae, mihi crede, proditis, dum caftella defenditis: nam cum principium rationis fufficientis vbique valere vultis, totam pfychologiam & theologiam peruertitis."

Ibid. Pfychol. §. 429. *Schol.* "Alii (qui in conuellenda libertate humana operam profitentur) non aperto Marte, fed per cuniculos quosdam, eodem tamen tendunt. Libertatem non negant illi quidem (Leibnitiani & Wolfiani), fed nihilominus admodum reftricte de ea fentiunt, tamque anguftis finibus comprimunt, vt verbo relinquere, re quidem certe tollere videantur. — — Sed nolim in aduerfarios quidquam cauillari, id vnum ab iis maiorem in modum peto, vt balbutire aliquando definant, aperteque & clara voce audeant dicere, quod intus in animo infixum habent, libertatem hominum in hoc vno effe pofitam, quod eorum voluntas nulla ad agendum coactione obftringi poffit."

Storchenau Inftit. Metaph. *Cofmol.* §. 32. *Schol.* "Ad hos (qui inter chriftianos e diuina praenotione fatum Stoico fimillimum exfcuIpunt) quam proxime

xime accedere Leibnitium cum suis jam pridem contendunt Neutoniani, neque iftud temere. Quid enim vetat ex Leibnitii principiis ita argumentari: si in se melius eft, vt conualescas, Deus id ab aeterno & cognouit & elegit, igitur conualesces, siue medium adhibueris, siue non, &c."

Ibid. §. 80. *Schol.* "Leibnitium magno agmine sequuntur non illi modo, qui eius familiae adscripti sunt, sed & alii quoque, qui ceteroquin in multis ab eo dissident, speciofo diuinas perfectiones vindicandi titulo, vt ego quidem reor, delusi; nam reuera, vt paullo post apparebit, opinio haec (de mundo optimo) infinitam Dei bonitatem, omniscientiam ac supremam libertatem funditus euertit."

Ibid. §. 84. *Schol.* "Sane haec principii rationis sufficientis applicatio obtineat, ne fingi quidem poteft vlla libertatis species."

Idem Psychol. §. 105. *Schol.* "Non miror Leibnitium, Wolfium ac ipsorum sectatores vnum hoc spontaneitatis genus propugnasse; nam si ipsorum sententiae laruam detrahamus, clarissime patet, ipsos spontaneitatem stricte acceptam specioso libertatis titulo condecorasse."

Ibid. §. 117. *Schol.* "His se adiungunt omnes veri Leibnitii sectatores, quorum agmen bene longum Wolfius ducit; mira enim consensione omnes in id conspirant, vt veram a necessitate seu indifferentiae libertatem, quam duce Leibnitio vt vanum scholasticorum inuentum explodunt, funditus euertant."

Ibid. §. 129. *Schol. ad fin.* "Atque hinc patet, quid de hac Wolfii, aliorumque Leibnitianorum opinatione sentiendum: verbis nimirum relinquunt, re autem ipsa tollunt libertatem."

𝔖𝔞𝔩𝔩𝔦𝔫𝔤𝔢𝔯 Interpret. Nat. *Psycholog.* §. 24. *ad fin.* "Maiori ingenio atque acumine opus eft, dum contra Leibnitianos agitur, qui principium illud suum rationis sufficientis, quo vtramque paginam implent, vltra iuftos limites extendentes admodum periculofas libertati diuinae & humanae insidias ftruunt; ea enim, nisi caueamus, opinionis eorumdem consecutio erit, vt Dei aeque ac hominum actiones ineluctabili atque insuperabili fato subjiciantur."

Ibid.

Ibid. Theol. nat. §. 27. "Adplicatio principii rationis sufficientis ad actiones liberas Dei in sensu Leibnitii laborat falso supposito; tollit libertatem Dei; tollit contingentiam huius mundi; tollit denique possibilitatem etiam intrinsecam aliorum mundorum."

Wir wollen nun das unpartheyische, ehrliebende Publikum, und jeden, dem die Geschichte der Philosophie in katholischen Schulen bekannt ist, urtheilen lassen, ob der Unwillen, den der Verfasser des philos. Gutachtens wider dergleichen Zudringlichkeiten und Beschuldigungen geäußert hat, zu tadeln, ob die Ausdrücke Läſterungen und Verketzern übertrieben, ob sie zu heftig seyn?

2. "Wenn man allen unsern Handlungen eine sittliche oder bedingte Nothwendigkeit zueigne, kraft welcher wir das thun müssen, wozu uns die Beweggründe leiten, so sey es um die Freyheit geschehen. Denn die Alteration der Beweggründe geschehe entweder mit oder ohne Beweggründe. In jenem Falle bleibe es immer wahr, daß wir zur Handlung genöthiget werden. Die philos. Facultät möge zusehen, ob ihre, oder die entgegen gesetzte Lehre von dem Systemate delectationis relatiue per gradus superioris, indeque pro hac hypothesi victricis & necessitantis weiter abgehe." S. 109. 110.

Antw. Wir würden uns schämen müssen, wenn wir solche Armseligkeiten im Ernſte widerlegen wollten. Wir wollen dieses Geschäft den Studiosis philosophiae primi anni überlassen, und uns kürzlich auf obige Antwort über Num. 5. S. 26. bezogen haben.

VII.

Das philos. Gutachten über den 12. Satz aus der allgemeinen prakt. Philosophie (Selbſtliebe iſt der einzige ursprüngliche Grundtrieb des Menschen, oder, wie die Ueberſetzung lautet, *amor sui ipsius est originaria, eaque prima hominis affectio*) beſtreiten die Herren Censoren aus folgenden Gründen.

1. "Es komme hier nicht darauf an, ob die Selbſtliebe unter mehrern Naturtrieben der erste und vorzüglichste, sondern ob sie der einzige ursprüngliche Grundtrieb sey." S. 64. 65. 66. ad II. S. 110. 111. ad num. 2.

Antw.

Antw. Merken sie auf, Herr Censor, wir wollen es Ihnen deutlicher und genauer sagen, worauf es hier ankömmt. Wir empfinden verschiedene Triebe und Neigungen in uns. Da diese Triebe und Neigungen in einer wunderbaren Harmonie stehen: so ist leicht zu begreifen, daß sie nicht von einander unabhängig sind, sondern vielmehr eine von der andern sich ableiten lasse. Dem Philosophen ist daran gelegen, ihre Verbindung aufzusuchen, und wie allenfalls eine aus der andern könne erkläret werden, zu entdecken. Nun hat man nach vielem Nachdenken, und nach vielen Vergleichungen gefunden, daß sich alle auf zwo Quellen zurückführen lassen, auf **Selbstliebe** und **Sympathie**. Jetzt kömmt es nur darauf an, ob Sympathie im Grunde nicht eine Modification der Selbstliebe, und folglich diese der einzige Grundtrieb, das ist, wie das philos. Gutachten es ausdrückt, in der Reihe der ursprünglichen oder Naturtriebe der erste, rückwärts der letzte sey. Daß doch die Herren Censoren eine so gemeine und einfache Streitfrage nicht verstehen! Selbstliebe, sagen sie, möge zwar der erste Naturtrieb seyn, wie A der erste Buchstabe (S. 87.); deßwegen aber sey sie eben so wenig der einzige Grundtrieb, als A der einzige Buchstabe. Eine Einwendung, die eben so lächerlich ist, als wenn man die Lehre vom einzigen ursprünglichen Principium des Naturrechts aus dem Grunde mißdeuten wollte, weil das erste Naturgesetz nicht das einzige ist. A ist freylich nicht der einzige; aber doch der einzige erste Buchstabe, wie Selbstliebe der einzige ursprüngliche Grundtrieb. Wenn übrigens das System der Selbstliebe so ärgerlich und gefährlich ist: warum haben uns die Herren Censoren die wahre Orthodoxe Art, nach der wir den Ursprung der Triebe und Neigungen erklären sollen, nicht angezeigt? Wir halten ihr Stillschweigen für einen richtigen Beweis, daß sie diesen Lehrsatz verdammet haben, ehe sie die Streitfrage ordentlich zu bestimmen, ehe sie, worauf es eigentlich ankomme, zu entscheiden wußten.

2. "Die Lehrsätze machen zwischen erlaubter und unerlaubter Selbstliebe keinen Unterschied, und nach der vom Herrn Prof. Feder (in der allgem. pract. Philosophie §. 7) gegebenen Erklärung seyn Selbstliebe, Eigenliebe und Eigennützigkeit gleichbedeutende Worte" S. 66. 67. N. 1. 2.

Antw.

Antw. In dem philoſ. Gutachten wird beſonders angemerket, daß es hier, wo von bloßen, an und für ſich betrachtet nothwendig guten, und dem Zwecke des Schöpfers zuſagenden Naturtrieben die Rede iſt, auf dieſen Unterſchied gar nicht ankomme, den zumal, das Wort Selbſtliebe für ſich ſchon anzeige, weil bekanntermaßen Selbſtliebe, Eigenliebe und Eigennützigkeit in der philoſ. Sprache ganz verſchiedene Begriffe ausdrücken. Dieſe Verſchiedenheit erkläret Herr Prof. Jeder auf folgende Art. Selbſtliebe, ſagt er, ſey die Eigenſchaft des Menſchen, daß er ſein Vergnügen und ſeinen Nutzen zu befördern ſtrebt, Eigenliebe heiße die unmäßige Achtung, die einer für ſich und das Seinige hat. Eigennützig aber heiße ein Menſch, der immer nur ſeine Vortheile vor Augen hat, und erwägt. Aber Herr Louis läßt ſich mit allem dem nicht beruhigen. Der deutlichſten Erklärungen ungeachtet, läugnet er allen Unterſchied zwiſchen Selbſtliebe, Eigenliebe und Eigennützigkeit. Die Gründe des philoſ. Gutachtens hält er gar keiner Antwort würdig. Wie kann er aber anders, der alles ſelbſt wiſſen, der immer recht haben, der nur verdammen will?

3. "Der Verfaſſer des philoſ. Gutachtens habe dieſen Lehrſatz in der lateiniſchen Ueberſetzung verfälſchet, und Selbſtliebe mit Selbſtempfindung ſehr ungereimt vermiſchet." S. 67. num. 1. 2. 3. S. 110. 111.

Antw. Wir haben ſchon oben erinnert, daß der Autor ſelbſt ſeine Lehrſätze überſetzet, und die Opponenten dieſer Ueberſetzung in der Privatdiſputation ſich bedienet haben. Hier brachten ſie folgendes Argument vor: "Si amor ſui ipſius eſſet affectio animae humanae vniuerſalis, eaque prima, ſequeretur, Deum non *debere* eſſe affectionem primam, ſeu animam noſtram erga alia obiecta *prius* ac *potius,* quam erga Deum, eſſe affectam." Sehen die Herren Cenſoren nicht, daß der Opponent die Ueberſetzung des Lehrſatzes für richtig angenommen, aus den Worten *prius afficitur* auf *potius debet eſſe affecta* geſchloſſen, und ihm alſo der Verfaſſer des philoſ. Gutachtens mit Grunde eine Conſequenzmacherey vorgeworfen hat? Der Verfaſſer des Gutachtens unterſchied zu erſt Selbſtempfindung und Selbſtliebe ausdrücklich; hernach um

anzuzei-

anzuzeigen, daß die Empfindung seiner selbst ein Bestreben nach seiner eigenen Realität, Vollkommenheit, oder Glückseligkeit nach sich ziehe; daß dieses Bestreben Selbstliebe genennet werde; daß folglich die Selbstliebe mit der Selbstempfindung unmittelbar verknüft sey, sezte er hinzu: *Amor sui ipsius*, das ist, *sensus sui ipsius & nisus semetipsum perficiendi*. Fiat lux, ruft Herr Louis darüber auf. Aber möchte dieser Wunsch doch an finstern Köpfen und unphilosophischen Theologen erfüllet werden?

VIII.

Ueber den 18. Satz aus der allgem. prakt. Philosophie (Das erste Gesetz der Natur ist: Suche deine Glückseligkeit, dein wahres Beste. *Lex prima naturalis est, quaere felicitatem tuam pro possibili*) und über die von der philos. Facultät beygesetzte Erklärung macht Herr Louis folgende besondere Erinnerung.

1. "Wenn man in diesem Lehrsatze die Glückseligkeit der Seele verstehe, so sey er zwar gut; aber im Zusammenhange mit anderen betrachtet wenigst verdächtig, deßwegen ihn einige Theologen haben verdammen wollen." S. 67. 68. ad 3. §. 1.

Antw. Wo hat irgend ein Censor mehr Lieblosigkeit und Unbilligkeit verrathen? Man betrachte diesen Lehrsatz nur im Zusammenhange mit dem 37. 38. ff. aus der philos. Sittenl. Bey dieser Vergleichung wird der Verdammungsgeist, und die gehässigen Absichten der Herren Theologen, die denselben zu brandmarken Lust hatten, jedem vernünftigen Leser in die Augen fallen.

2. "Es sey gar nicht abzusehen, wie der Freyburg. Verfasser diese Sätze: Perfice te, quantum potes, diligentissime: Fac bonum & evita malum: Ama Deum & proximum, sicut temetipsum: Quaere felicitatem tuam für gleichgeltend habe ausgeben können." S. 68. §. 2.

Antw. O des erbärmlichen Theologen, der die Begriffe von Vollkommenheit, vom Guten, von Liebe, von Glückseligkeit nicht zusammen reimen, der da nicht begreifen kann, daß, wer Gott, sich und den Nächsten liebt,

liebt, eben darum seine Vollkommenheit und Glückseligkeit befördert, und umgekehrt, daß derjenige, der sich vollkommen und glückselig machen will, das Geboth der Liebe erfüllen muß! Dem Herrn Prof. Louis können dieß unsere Schüler aus den allegierten Stellen des von Martinischen (Posit. und Exercitat. de Leg. nat. Cap. III. §. 117.) und Baumeisterischen Lehrbuches (Element Philos. moral. §§. 36. 63.) begreiflich machen; sie werden ihn vielleicht zur heilsamen Buße auf eine logische Regel verweisen, wider die er so oft sündiget: *praecipitanter nimis iudicare illos, qui, obscuritatem suo ingenii modulo mensi, id omne in se obscurum esse clamitant, quod ipsi non capiunt.*

IX.

Mit der Erklärung des 21. Satzes aus der allgem. prakt. Philosophie (In Collisionsfällen thu das, was in aller Betrachtung das Beste ist; das heißt, *in collisione duarum legum ea lex est praeferenda, quâ observata maior inducitur perfectio*) ist Herr Prof. Louis deßwegen unzufrieden.

1. "Er wisse nicht, warum der Freyburg. Verfasser diesen Satz berührt habe. Als einen guten Rath könne man ihn zwar gelten lassen; aber wenn er eine Pflicht, ein Geboth ausdrücken sollte, so, daß derjenige eine Sünde begieng, der im Collisionsfalle das Beste fahren ließ, und das, was minder gut ist, wählte: so würden alle Katholicken selben für falsch erklären." S. 68. 69. ad 4.

Antw. Der Verfasser des philos. Gutachtens wollte nicht nur diejenigen Sätze, die den Herren Opponenten vorzüglich zu mißfallen das Unglück hatten; sondern auch jene, die mit denselben in genauerer Verbindung stehen, beurtheilen, und bey dieser Gelegenheit diejenige Seite unserer Moralisten berühren, wo sie am empfindlichsten, und der reinen Moral am gefährlichsten sind. In eben dieser Absicht machen wir dem Herrn Louis und allen Theologen seines gleichen zu wissen, daß wir diesen Satz für ein göttliches, unabänderliches Gesetz halten, und daß wir unter der Zahl derjenigen Katholiken durchaus nicht seyn wollen, die in demselben keine verbindliche und gesetzliche

Kraft

Kraft erkennen. Unsere Herren Theologen mögen dawider noch so viele Casus, Auktoritäten, Texte und Distinktionen aufbringen. Damit machen sie sich bey der vernünftigen Welt nur lächerlich; sie verrathen ihre Unwissenheit, und legen klar an Tag, daß sie nicht einmal von den ersten moralischen Grundsätzen einen deutlichen Begriff haben. Das minder Gute, in so ferne es ein größeres Gut verhindert, ist ein wahres Uebel; so wie das kleinere Uebel, womit man ein größeres von sich abwenden kann, die Natur des Guten an sich nimmt. Wer nun die Gebothe Gottes erfüllen, das Gute thun und das Böse meiden will, der ist eben so gewiß verpflichtet, aus zweyen Gütern das größere zu wählen, als gewiß es ist, daß man aus zweyen Uebeln allemal das kleinere wählen muß. Minus bonum (sagt Anton. Genuensis, der dem Herrn Louis nicht verdächtig seyn kann, *Elem. Discip. Metaph. P. IV. Lib. I. Cap. XIV. §§. 16. 17.*) est verum malum maiori bono comparatum. Quum autem natura nos obligat ad bona sectanda, fugienda vero mala; fit, vt ex eodem *naturae imperio* fugienda sint ea bona, quae nos maioribus priuant; — — sunt enim veri mali tessera. — Minora mala, si conferantur cum maioribus, sunt vera bona. — Obligat vero nos natura ad bona consectanda; ergo in comparatione minoris cum maiori malo, minus eligendum *imperat*, quo maius euitemus. Dieß erzählt zwar Anton. Genuensis nur auszugsweise aus dem Wolfischen Systeme des Naturrechts; allein er setzt §. 26 hinzu: Atque haec — VERA tamen sunt, & PERPVLCHRA. Nun, Herr Doktor, wie gefällt Ihnen diese Erklärung? Anton. Genuensis ist doch ein Katholik, ist der Mann, der Ihnen nicht verdächtig ist, nicht verdächtig seyn kann. Studieren Sie also diese seine Lehre von der Pflicht, das größere Gut dem kleinern vorzuziehen, mit gelehrigem Herzen; ruhen Sie nicht, bis Sie dieselbe vollkommen gefasset haben, und dann gestehen Sie, daß nur rohe Casuisten, Probabilisten und Sittenverderber an der Wahrheit derselben zweifeln können.

2. "Daß in collisione legum das wichtigere und größere Gesetz dem minder wichtigen vorgehe, gebe er unter der Bedingniß zu: Si probabilius sit, vel etiam aeque probabile, legem fortiorem existere, quam probabile est legem

gem debiliorem exiſtere; daß man aber das größere Gut dem kleinern vorziehen müſſe, ſey nur ein Rath, und habe ohne Zweifel die Bedeutung, man
müſſe das größere Gut mehr ſchätzen, nicht aber aus Pflicht und Schuldig-
keit ſelbes allemal vorziehen. So ſey zwar eine vollkommene Reue (con-
tritio) beſſer als die unvollkommene (attritio), doch jene zum Sakrament
der Buße eben nicht nothwendig: folglich ſeyn wir nicht verbunden, immer das
beſſere zu wählen, immer nach der größern Vollkommenheit zu trachten." S. 69.

    Antw. Die beygeſetzte Bedingung heißt nichts anders, als wenn das
Waſſer naß, wenn Holz Holz, wenn in dem Falle einer Colliſion wirklich eine
Colliſion iſt: Herr Louis geſtehet alſo ohne Bedingung, daß es Pflicht iſt, in
Colliſion der Geſetze das höhere zu befolgen. Allein da er zugleich läugnet,
daß man das größere Gut zu wählen verbunden ſey; ſo widerſpricht er ſich
ſelbſt, und verräth wider ſeinen Willen, daß er von Verbindlichkeiten und Ge-
ſetzen gar keinen geſunden Begriff hat. Man frage ſich ſelbſt, woran erkennet
man die Größe und Stärke des Geſetzes? Warum müſſen wir das größere
Geſetz vorziehen? Was für einen Grund hat die Wahrheit: Obedire oportet
Deo magis, quam hominibus? Das philoſ. Gutachten ſagt ausdrücklich, wir
ſeyn deßwegen an das höhere Geſetz gebunden, weil wir aus mehrern Gütern
immer das größere zu wählen gehalten ſind: denn die Größe der Verbindlichkeit und des Geſetzes hängt von der Größe des Gutes oder des Uebels ab,
welches mit der pflichtmäßigen Handlung verbunden iſt. Dieſe Gründe, auf
die hier alles ankömmt, hätte Herr Prof. Louis nicht übergehen, er hätte ſie
vorzüglich beantworten ſollen. Was ſoll man von einem Manne denken, der
die Folgen eingeſteht; die Grundſätze aber, aus denen dieſe Folgen herfließen,
platterdings läugnet, und im übrigen unbeantwortet läßt? Was endlich die
von der vollkommenen und unvollkommenen Reue hergenommene Einwendung
betrifft, ſo ſind wir der ungezweifelten Meynung, daß jeder Menſch ſeine Sün-
den ſo ernſthaft, ſo nachdrücklich, ſo vollkommen, als es in ſeinen Kräften ſteht,
zu bereuen ſchuldig, und überhaupt derjenige ein ſtrafbarer Thor iſt, der nach
dem gegenwärtigen Maaße ſeiner Kräfte das Beſſere, das Vollkommnere thun
kann, und es zu thun unterläßt.

                                                                                   X.

X.

Die Einwürfe wider den 2. Lehrsatz aus der philos. Sittenl. (Selbstmord kann in keinem Falle zur pflichtmäßigen Handlung werden, wohl aber Verstümmlung des Körpers: *Mutilatio corporis in certo casu potest fieri licita, non autem suicidium*) waren diese: "Neminem obligari posse ad mutilationem corporis, cum casus plurimos sciat, in quibus iis, de quorum membrorum mutilatione sermo erat, renuentibus ad peccatum imputatum non fuerit. Neminem ad remedia extraordinaria esse obligatum. Neminem ad diligentiam summam, sed omnes ad mediam obligatos esse." Damit sind die Herren Censoren vollkommen einverstanden, und bestreiten das philos. Gutachten folgender maßen.

1. "Daß man allemal und in jedem Falle, ohne Ausnahme, unter einer Sünde verbunden sey, eine Hand z. B. oder einen Fuß sich abnehmen zu lassen, um dadurch sein Leben zu erhalten, widerspreche der gemeinen Lehre aller Philosophen und Theologen." S. 69. 70. ad 5. num. 1. 2. 3. S. 111. ad 4 & 5.

Antw. Weder der Lehrsatz ist so allgemein, noch drückt sich das philos. Gutachten so unbestimmt aus, als die Herren Censoren, die sich auf die Kunst, alles zu verdrehen, und die deutlichsten Wahrheiten zu verwirren, trefflich verstehen. Kraft des Lehrsatzes kann Verstümmlung des Körpers zuweilen (in certo casu) erlaubt, und zur pflichtmäßigen Handlung werden, wenn nämlich, wie das philos. Gutachten den Fall bestimmt, die Erhaltung des Lebens mit der Erhaltung einer Hand oder eines Fußes in Collision kömmt. In diesem Collisionsfalle sind wir (ganz natürlich) unter einer Sünde verbunden, das kleinere Uebel zu wählen, und einen Theil dem Ganzen aufzuopfern, nicht, weil es, wie die Herren Heidelberger höhnisch anmerken, Herr von Martini, sondern weil es die gesunde Vernunft sagt, daß man in Collisionsfällen die wichtigere Pflicht vorzüglich zu erfüllen schuldig ist. Daran kann kein wahrer Philosoph, kein vernünftiger Theolog, am allerwenigsten alle Philosophen, alle Theologen, sondern nur Leute, denen es am gesunden Menschenverstande fehlt, zweifeln; nur diese können das Gegentheil behaupten.

2. "Das Niemand zu außerordentlichen Mitteln, zum höchsten Fleiße, sondern daß alle nur zu einem mittelmäßigen Fleiße verbunden seyn, habe man in unsrer Kirche allezeit und überall (semper & vbique) gelehret. Gabr. Antoine, ein approbierter Moralist, lehre (*in Theol. moral. Tractat. de I. & I. pag. 370. edit. venet. 1754*.) ausdrücklich: "Quilibet tenetur vitam & membra conseruare mediis ordinariis — — tamen *juxta multos* non tenemur vti remediis *valde* extraordinariis vel *pretiosissimis* — — quia hoc non est se ipsum occidere, sed solum suam mortem permittere *ob justam caussam*." Eben dieß lehren mehrere andere berühmte Theologen, denen man weder Dummheit, noch ärgerliche und gefährliche Lehren zumuthen könne." S. 70. 71. num. 1. 2. S. III. 112.

Antw. Die Verbindlichkeit der Gesetze hat keine andere Gränzen, als jene unsrer Kräfte. Nur dort hört sie auf, wo die Unmöglichkeit anfängt. Vltra *posse* nemo obligatur. Sunt autem (sagt Baumeister *Philos. moral.* §. 23. *posit. VII. Schol.*) complures, qui, hac abusi positione, ignauiae suae aut malitiae patrocinium inde petunt. Falsa impossibilitatis notione decepti plerique, virium imbecillitatem, cum jubentur bona agere, praetexunt. Hic ergo cauendum est, ne id statim impossibile credas, quod *difficile* est, nec, nisi *summa animi corporisque contentione* potest obtineri. So lehren die gottlosen, feßerischen Wolfianer. Unsere fromme, rechtgläubige Moralisten (wenigst bezeugen es die Herren Theologen zu Straßburg und Heidelberg) sind nicht so strenge. Wenn irgend ein Gesetz ohne außerordentliche Anstrengung unsrer Kräfte (remedia extraordinaria) und ohne Anwendung alles möglichen Fleißes (diligentia summa) nicht kann beobachtet werden: so verliert es nach ihrer Lehre alle Kraft der Verbindlichkeit, und höret auf ein Gesetz zu seyn. Wozu wäre auch so viel Eifer nüßlich? Wozu solche Genauigkeit nöthig? Warum sollte man schwachen Adamskindern eine so schwere Bürde auflegen? Warum sollte ein mittelmäßiger Fleiß (diligentia media) nicht hinreichen? Warum sollte

ſollte es nicht genug ſeyn, officium ſuum facere *taliter qualiter?* Das Geſetz ſagt zwar: du ſollſt Gott deinen Herrn lieben aus ganzem Herzen, aus ganzer Seele, aus ganzem Gemüthe, und aus allen deinen Kräften, und wir wiſſen, daß Gott lieben nichts anders heißt, als ſeine Gebothe halten: folglich wären wir freylich nach dem Buchſtaben des Geſetzes verbunden, aus ganzem Herzen, aus ganzer Seele, aus allen unſern Kräften uns zu beſtreben, daß wir die Gebothe Gottes, unſere Pflichten, erfüllen. Aber die Schriftgelehrten, Caſus- und Morallehrer wiſſen dieſe übertriebene Strenge zu mildern. Das Geſetz mag lauten, wie es will, ihr Ausſpruch iſt ſchlechterdings dieſer: Nemo ad diligentiam ſummam, ſed omnes ad mediam obligati ſunt. — — Sind dieß nicht ärgerliche, der Vernunft und Tugend ſchnurſtracks entgegengeſetzte Irrthümer?

Freylich iſt kein Caſuiſt ſo unverſchämt, daß er es wagen ſollte, dieſe abſcheulichen Grundſätze in einzelen Fällen ohne alle Einſchränkung anzuwenden. Sie wiſſen, wenns darauf ankömmt, mit ſchulgerechten Diſtinktionen inter remedia ordinaria & extraordinaria, diligentiam ſummam & mediam, und vermittelſt einiger Zuſätze, z. B. niſi ſpecialis ratio e. g. boni publici ſubſit (S. 111.) ſich allemal aus der Schlinge zu ziehen. Indeſſen bekümmern ſie ſich wenig darum, was die Worte remedia extraordinaria, extrema; was diligentia ſumma, media, eigentlich bedeuten; ob die ratio boni e. g. publici die einzige und warum ſie es ſey, u. ſ. w. Alle dergleichen Worte ordentlich und genau zu definieren, deutliche und vollſtändige Begriffe mit denſelben zu verbinden, dieß erfodert diligentiam ſummam, wozu kein handveſter Moraliſt ſich verbinden läßt. Genug daß man es der Empfindung und dem Ermeſſen eines jeden ehrlichen Mannes, der es ja ſchon wiſſen wird, anheimſtellet. — — Iſt dieſe Moral nicht Dummheit, und die Schüler derſelben ſind ſie nicht die gefährlichſten Leute? Nicht amara bile, nicht in aeſtu ſcribendi, nicht contra omnes decori leges hat der Verfaſſer des philoſ. Gutachtens dieſe Phraſes hingeſchrieben. Wohlbedächtlich und aus guten Abſichten hat er einem gemeinſchädlichen, ſchimpflichen Irrthume den gebührenden Namen gegeben, ſo, wie es das

Amt eines öffentlichen Lehrers, und die Pflicht jedes freymüthigen Freundes der Wahrheit mit sich bringt.

"Gabr. Antoine, dessen Moraltheologie in so großem Ansehen stehe, lehre doch die nämlichen Sätze." — — Es lehre dieselben wer da will. Die Aristotelische Wahrscheinlichkeit (*probabile* est, quod videtur omnibus, vel pluribus, vel sapientioribus) und die Beweisformeln: Ita *Cardin. de Lugo;* ita *Sanchez,* ita *Suarez,* ita communis sind in unsrer Logik bloße Vorurtheile und Rabbinerwust. Doch es verlohnt sich der Mühe, die allegirte Stelle genauer zu untersuchen. Antoine schließt so: Qui mortem suam permittit iustam ob caussam, is non peccat. Sed qui non vtitur remediis valde extraordinariis vel pretiosissimis ad vitam conseruandam, is (iuxta multos) mortem suam solum permittit iustam ob caussam. Ergo qui non vtitur remediis valde extraordinariis &c., is non peccat. Den Obersatz geben wir zu, erklären aber zugleich, daß man nur jene Umstände als iustam caussam ansehen kann, wo die Mittel, das Leben zu erhalten, mit höhern und wichtigern Pflichten, als die Pflicht zu leben ist, in Collision kommen. Im Untersatze versteht man durch die Worte: valde extraordinaria vel pretiosissima entweder solche Mittel, deren Anwendung höhern Pflichten widerspricht, oder nur solche, die eine ganz besondere, außerordentliche Anstrengung unserer Kräfte fodern. Wenn Antoine und die übrigen Moralisten, auf welche sich die Herren Censoren berufen, das erstere im Sinne hätten: so würden sie zwar nur in so ferne irren, daß sie sich unschicklicher, zweydeutiger und irreführender Wörter bedienten, und den Sprachgebrauch außer Acht ließen; allein das letztere, welches grundfalsch ist, liegt eigentlich in den Worten, die man wegen ihrer Unbestimmtheit gar leicht mißbrauchen, und zu Beschönigung der ärgerlichsten Lehren anwenden kann. Ueber dieß redet Antoine von remediis *valde* extraordinariis vel *pretiosissimis,* und zwar nur in Rücksicht auf die besondere Pflicht, Leben und Gliedmaßen zu erhalten, mit dem Rabbinerischen Beysatze endlich: IVXTA MVLTOS. Die Herren Censoren entgegen behaupten die allgemeinen und auf alle Gattungen der Pflichten sich erstreckenden Sätze: Neminem ad remedia *extraordinaria,* neminem ad diligentiam *summam,* sed omnes ad *mediam* obligatos esse: sie geben vor, dieß

dieß sey die Lehre, quae semper & vbique in ecclesia obtinuit; dieß seyn die Grundsätze, quae per seculorum decursum a grauissimis doctissimisque viris probata, traditaque sunt. Wie kann man also behaupten, daß Antoine die nämlichen Sätze lehre, wider welche das philos. Gutachten gerißert hat?

3. "Im Falle ein Missionar in Todesgefahr gerieth, so müsse er, nach Anweisung des Evangeliums, die Flucht ergreifen, oder, wenn er nicht fliehen könnte (si fugere nequeat) um Christi willen sich tödten lassen. Nach den Freyburgischen Grundsätzen wäre dieß dumm und lächerlich gehandelt, quia ad remedia extraordinaria erat obligatus, tenebaturque ad diligentiam summam & maximam corporis & membrorum conseruandorum. Ferners folge daraus, daß wir nun im Nothfalle unsern Feind zu tödten, welches man sonst nur für erlaubt hielt, verbunden wären. Gratularine sibi (setzt Herr Louis noch bey) potest humanitas de nouis his principiis? Lugebit certe religio, & ex fructibus arborem malam demonstrabit." S. 71. num. 3.

Antw. So gar abgeschmackte Einwürfe, so kühne, so ergrobe Consequenzen beantworten wir nur um der Schwachen willen. Nach unsern Grundsätzen nämlich wird der Martyrertod so oft zur Pflicht, so oft die Erhaltung unsers Lebens der Ehre Gottes nachtheilig seyn würde. Wer sich aber, der Ehre Gottes unbeschadet, erhalten kann, der thu es nach allen seinen Kräften. Die Feinde, die uns gewaltthätig angreifen, zu tödten, ist bald gebothen, bald verbothen, bald erlaubt, je nach dem die Pflicht uns zu erhalten größer, kleiner, oder der Pflicht, die wir andern schuldig sind, gleich ist. Unsere Leser wollen in des Herrn von Martini Posit. de Leg. Nat. edit. 1772. §§. 353. 354. §§. 646. 647. nachschlagen. Den Herrn Louis wollen wir nicht dahin verweisen. Dergleichen Leute sind zu gelehrt, als daß sie sich mit gründlich und systematisch geschriebenen philos. Lehrbüchern abgeben sollten.

XI.

Wir kommen nun auf den 6. Lehrsatz aus der philos. Sittenl., der, nach dem Urtheile der Herren Censoren, den evangelischen Räthen gerade zu widersprechen,

sprechen, ja eine offenbare Ketzerey in sich enthalten soll. Zeitliche Güter (so lautet er) verachten, wenn man sie rechtmäßiger Weise haben kann, sie verschwenden, wenn man sie besitzt, ist allemal pflichtwidrig. Auf Latein: *Contemnere bona temporalia, quae salua rectitudine haberi possunt, ea dilapidare, dum possidentur, repugnat officiis erga se.* Die philos. Facultät fand aber nichts böses, nichts ärgerliches in diesem Satze; nur die seuchten Argumente der Gegner hielt sie für ahndungswürdig. Dawider erinnern die Herren Censoren.

1. "Daß dieser Satz auf Oestreichischen Universitäten nach Anleitung des von Martinischen Lehrbuches gelehret werde, sey wahr; aber zum Leidwesen aller Katholiken. Factum (sagt Herr Louis) negare nequeo; sed illud fieri doleo, dolebuntque mecum catholici omnes." S. 71. 72. ad 6.

Antw. Wir merken, was Herr Louis damit sagen will. Die theolog. Facultät zu Straßburg hat in ihrem Gutachten vom 19. Decemb. v. J. (S. 25. num. 5.) diesen Satz platterdings für ketzerisch erkläret. Nun ist es freylich eine bedaurenswürdige Sache, daß zu Freyburg und auf allen Oestreichischen Universitäten Ketzereyen gelehret werden. Vortrefflich Herr Ketzermacher! Sie haben ihre Kunst in kurzer Zeit sehr hoch getrieben. Anfangs nur einen Isenbiehl, nur einen Wiehrl, nun in einem Hui ein ganzes Heer, worunter kais. königl. Hofräthe, Referenten, Direktoren, und öffentliche Lehrer in Menge begriffen sind.

2. "Das philos. Gutachten habe hier die wahre Streitfrage außer Acht gelassen. Es komme nicht darauf an, ob diejenigen fehlen, die sorglos und um die zeitlichen Güter unbekümmert in Tag hinein leben; sondern ob die Verachtung zeitlicher Güter, wenn man sie rechtmäßiger Weise haben kann, allemal (pro quouis casu) pflichtwidrig sey. Dieß hätte der Verfasser des philos. Gutachtens beweisen, mit seiner höhnischen Distinktion aber zu Hause bleiben sollen." S. 72. S. 112. 113. ad num. 6.

Antw. Wer nach verworrenen Begriffen zu urtheilen gewohnt ist, und also weder einen Unterschied zwischen Rechtmäßigkeit und Gerechtigkeit

(inter

(inter actiones iustas sensu strictissimo & rectas) bemerket, noch die Verbindlichkeit, immer das Bessere zu wählen, erkennet, der kann sich freylich nicht vorstellen, daß derjenige, der zeitliche Güter verachtet, wenn er sie schon rechtmäßiger Weise (salua rectitudine actionis) haben kann, sich eben darum einer Nachläßigkeit und Sorglosigkeit in Erwerbung derselben schuldig mache. Ob diese Verachtung, diese Sorglosigkeit allemal (pro quouis casu) pflichtwidrig sey, ist eine Frage, die Jubentius Celsus in *L. 27. Qui testam. fac. poss. &c.* schon beantwortet hat. Was die Distinktion betrifft, die den Herren Censoren so sehr mißfällt, so merken wir folgendes noch an: "Hanc positionem (sagte der Opponent in der Privatdisputation) cum *lege paupertatis euangelicae* combinari non posse." Das philos. Gutachten erinnert hierüber, man hätte diesen Einwurf auch damit beantworten können: Non potest combinari ab his, qui principia philosophiae practicae, & primas disciplinarum moralium notiones ignorant, *Conc.* ab aliis, qui hisce doctrinis probe imbuti sunt, *Neg*. Nun rufen die Herren Censoren auf: "Philosophica sine dubio responsio! Malum, quod bi nouissimi magistri haud ante secula surrexerint, & expedita sua decretoriaque distinctiuncula orbem christianum haud dedocuerint errorem grandem, quem is circa genuinum Christi de paupertate euangelica sensum, ad haec vsque tempora errauit, genuinis nimirum *philosophiae practicae* principiis destitutus!" Allein diese Distinktion ist von den berühmtesten Universitäten des katholischen Deutschlandes bereits bestättiget worden: sie ist die reine Wahrheit. Freylich eine derbe Wahrheit; aber mit diesem lieblosen Gesinde (sagen die Herausgeber der Litteratur des kathol. Deutschl. in der Vorrede des I. Bandes I. St.) glimpflich umgehen, wäre eben so thöricht, als der Keule des Hercules einen Fuchsschwanz entgegen setzen wollen.

3. "Die Vernunft lehrt uns ja, daß derjenige nicht pflichtwidrig handle, der das größere Gut, die größere Vollkommenheit der kleinern vorziehe. Nun sey aber offenbar, daß die moralischen, besonders die von Christo verheißenen übernatürlichen Güter die zeitlichen weit übertreffen. Also sey und bleibe dieser Wiehrlische Lehrsatz falsch, irrig, der heiligen Schrift und gesunden Vernunft zuwider." S. 113. 114.

Antw.

Antw. Die Vordersätze sind richtig. Der Hintersatz also und die Folge? Nun da kömmt es nur auf eine Kleinigkeit, auf die drey Buchstaben Q. E. D. noch an.

4. "Der Verfasser des philos. Gutachtens halte sich über die Bedeutung der Worte rectitudo und iustitia auf. Zu was Ende, wisse er (Herr Louis) sich nur gar nicht verzustellen (Quem in finem? — — Nescio)." S. 72.

Antw. Wider die vom Herrn Prof. Wiehrl gemachte Erklärung der Worte rechtmäßiger Weise, *salva rectitudine* wandte man ein: "Rectitudinem, idiomate germanico Rechtmäßigkeit, denotare iustitiam, insuper hunc terminum in communi vita semper summi iuridice." Nun hat der Verfasser des philos. Gutachtens diesen Einwurf ins besondere beantwortet, und gezeigt, daß *Rectitudo* und *Iustitia* in der lateinischen, Rechtmäßigkeit und Gerechtigkeit in der deutschen Sprache ganz verschiedene Dinge bedeuten. Und Herr Prof. Louis weiß nicht, warum von der Bedeutung der Worte *Iustitia* und *Rectitudo*, Gerechtigkeit und Rechtmäßigkeit, die Rede ist? — Zeitliche Güter verachten, wenn man sie rechtmäßiger Weise (salva rectitudine actionis) haben kann, ist allemal pflichtwidrig; aber zeitliche Güter verachten, wenn man sie gerechter Weise (modo quodam acquirendi in foro externo legitimo, id est, salva iustitia) haben kann, ist nicht allemal pflichtwidrig. Beyde diese Sätze behauptet Herr Prof. Wiehrl, das philos. Gutachten, und jeder, der die Worte versteht. Herr Prof. Louis ist aber der Meynung, der letztere könne neben dem ersten unmöglich bestehen. Und Herr Prof. Louis weiß noch nicht, warum man über die Worte *Iustitia* und *Rectitudo* disputiert? Nun, da ist ihm wahrlich nicht zu helfen.

XII.

Was endlich unsere Herren Gegner wider den 34. Satz aus der philos. Sittenl. (Aus vernünftigen Begriffen von Gott erhellet, daß Ehrfurcht, Liebe, Dankbarkeit, Anbethung und Vertrauen auf Gott die unmittelbarsten Folgen der Selbstliebe sind, oder: *Si ex conceptibus de Deo eiusque perfectionibus rite philosopheris, tum apparet, quod charitas in*

Deum,

Deum, gratitudo, adoratio & fiducia cum amore sui ipsius immediate cohaereant, indeque deduci possint) und wider die philos. Vertheidigung deſſelben einzuwenden für gut fanden, beſteht in folgenden Punkten.

1. "Der Sinn des erſten hieher gehörigen Satzes (die Selbſtliebe iſt es, die uns ſagt: Suche deine Glückſeligkeit, dein wahres Beſte) ſey von ihm (dem Herrn Prof. Louis), und den theolog. Facultäten zu Straßburg und Heidelberg ſchon unterſuchet worden." S. 72. 73. ad 8. ℞. ad 1.

Antw. Wo wäre dieſe Unterſuchung geſchehen? Wir wiſſen von nichts, als von der hochweiſen Erinnerung (S. 67. 68. ad 3. ℞. 1.) "wenn man durch die Glückſeligkeit und das wahre Beſte vorzüglich die Glückſeligkeit der Seele verſtehe, ſo ſey alles gut." Uebrigens fängt hier das philoſ. Gutachten mit einem andern Vernunftſchluße an, den Herr Louis ganz übergangen hat. Er lautet ſo: Der Satz: Suche deine Glückſeligkeit, und zwar (wir müſſen es des Chicane wegen beyſetzen) hauptſächlich die Glückſeligkeit der Seele iſt das erſte und allgemeinſte Principium des Naturrechts, aus dem alle Naturgeſetze, und alſo alle natürliche Pflichten gegen Gott, folglich auch die Pflicht der reinſten vollkommenſten Liebe gegen Gott herfließen. Nun aber iſt eben dieſer Satz der Satz der vernünftigen Selbſtliebe, weil Selbſtliebe nichts anders iſt, als ein Beſtreben nach ſeiner Glückſeligkeit. So unſchuldig es alſo iſt (ſagt das philoſ. Gutachten) den Satz: Quaere felicitatem tuam für das erſte und allgemeinſte principium iuris naturalis anzunehmen: eben ſo unanſtößig iſt es, wenn man die officia erga Deum von der Selbſtliebe will hergeleitet wiſſen. Was meynen Sie, Herr Cenſor? Fällt Ihnen etwa auf, daß das Beywort: vernünftig hier ausdrücklich geſetzt, und doch weder in den Wiehrliſchen Sätzen, noch in dem philoſophiſchen Gutachten zu finden iſt? Wie? das könnte Ihnen auffallen, ungeachtet in dem Satze nur vom wahren, merken ſie doch, vom wahren Beßten die Rede iſt? Nicht doch; ſonſt würden wir Ihnen die ganze aus der Vorrede der Litteratur des kathol. Deutſchlandes oben zum Theil angeführte Stelle in extenſo laut vorleſen müſſen.

2. "Den zweyten Satz (Nun erinnert uns die Vernunft, daß wir dieſen Zweck, die Glückſeligkeit nämlich und das wahre Beßte, nicht anderſt, als

durch

durch Ehrfurcht, Liebe, Dankbarkeit und Vertrauen gegen Gott erhalten können) lehre uns zwar die Vernunft; aber nur die gesunde und durch die Offenbarung erleuchtete, nicht die verdorbene und sich allein überlassene Vernunft; wenigst bey den meisten Menschen." S. 73. R. ad 2.

Antw. Hören Sie einmal, Herr Prof. Louis, eine kurze Lection bey dem Herrn von Martini. Vielleicht lernen Sie daraus die gute, liebe Vernunft höher schätzen, und nehmen Ihr unbesonnenes Urtheil über einen berühmten und würdigen Gelehrten (S. 62. num. 5.) zurück. Merken Sie auf: Sed male Dei cauſſam perorant, qui ita concludunt. Depreſſa enim ratione, primo maximum euertunt verae reuelationis fundamentum, nosque in foedum Pyrrhonismum deiiciunt; dein offendunt in eo, quod hostes sacrarum litterarum de veritate amplius conuincere nequeant, illosque suo, vt aiunt, gladio iugulare. Postea aperte contradicunt Apostolo, qui gentes solius naturae, licet corruptae, viribus, & sine reuelatione morum praecepta aſſecutas eſſe docet, deinde liberum, quod tamen tueri volunt, sic destruunt arbitrium; nisi enim naturalis ratio boni malique nexum cum actionibus perspicere per se eſſet apta; neque voluntas in agendo vel omittendo naturali gauderet libertate. Quare id omnino tenendum: rectam rationem, quae secum ipsa nunquam pugnat, Adami labe quidem fuisse debilitatam, attamen hominibus perfecto statu vtentibus tantam adhuc eius lucem remansiſſe, quantum intrinsecae actionum bonitatis vel malitiae perspicientia postulat. *Vid. Exercitat. de Leg. Nat. Cap. III. §. 108.*

3. "In dem dritten und letzten Satze (Also ist es richtig, daß die Pflichten gegen Gott die unmittelbarsten Folgen der Selbstliebe sind) kommen die Worte unmittelbarste Folgen vor, die in den Vordersätzen nicht enthalten seyn. An aliquid (fragt Herr Louis) potest affirmari vel negari in consequente, quod non fuerit in praemissis?" S. 73. F. ad conclus.

Antw. Müssen wir den Herrn Doktor schon wieder in die Schule führen! Müssen wir Ihm sagen, daß Er doch die logischen Regeln von gleichbedeutenden Sätzen, von versteckten Vernunftschlüssen und der Art, dieselben in förmliche und reguläre zu verwandeln erlernen solle, damit er in Zukunft nicht mehr in die Verſuchung komme, dergleichen ungeſchickte Einwürfe zu machen. *Vid.* Steinmeyer. *Inſtitut. Logic.* §§. 124. 125.

4. "Wenn die Pflichten gegen Gott die unmittelbarſten Folgen der Selbſtliebe ſeyn, warum man ſo viele Folgerungen und Schlüſſe ſo mühſam in einander webe, bis man endlich von der Selbſtliebe auf die Pflichten gegen Gott gelange? Mirum (ſagen die Herren Heidelberger) niſi quilibet rerum vel mediocriter intelligens conflictum hic ſingularem, ſui ipſius everſivum, vel manu palpet!" S. 114. ad num. 8.

Antw. Das philoſ. Gutachten ſchließt mit wenig veränderten Worten ſo: Was uns unmittelbar zu unſrer Glückſeligkeit antreibt, das treibt uns eben darum an, daß wir Gott lieben und ehren ſollen. Nun treibt uns die Selbſtliebe unmittelbar zu unſrer Glückſeligkeit an: alſo treibt uns die Selbſtliebe unmittelbar an, daß wir Gott lieben und ehren ſollen, oder, welches einerley iſt: alſo ſind die Pflichten gegen Gott die unmittelbarſten Folgen der Selbſtliebe. Dieß heißt man zu Heidelberg *plures ſequelas* & *illationes operoſe nectere, per tot ambages ac illationes intermedias contendere, multa verborum profuſione* & *apparatu accumulare, ex quibus ab amore ſui denique ad amorem Dei pertingamus.* Wenn obige Schlußrede, wie ſie da liegt, oder wie das philoſ. Gutachten dieſelbe ausgedrücket hat, weitſchweifig und weithergehohlet iſt: ſo möchten wir wiſſen, was man hernach kurz und unmittelbar gefolgert nennen müßte.

5. "Die Pflichten gegen Gott können unmöglich die unmittelbarſten Folgen der Selbſtliebe ſeyn, weil dieſe und der eigentliche Beweggrund (motivum formale) der reinen Liebe gegen Gott (amoris puri, perfecti, benevoli) ganz verſchieden, und von einander unabhängig ſeyn, ſo, daß man von der Selbſtliebe weder auf den eigentlichen Beweggrund der reinen Liebe Gottes, und vielweniger alſo auf dieſe ſelbſt ſchließen könne." S. 114. 115.

Antw. Der eigentliche Beweggrund der reinen und vollkommenen Liebe, ſagen die Herren Cenſoren, iſt die unendliche Vollkommenheit Gottes in ſich betrachtet (*bonitas Dei abſoluta*). Dieſe unerſchöpfliche Quelle aller Vollkommenheit, alles Vergnügens, iſt ſie etwa nicht hinreichend, den Trieb zur Vollkommenheit, zum Vergnügen, das ist, die Selbstliebe in Bewegung zu setzen? Doch das mehrere hievon bald hernach. Die Herren Heidelberger geben uns hier zu einer andern Bemerkung Gelegenheit. Sie sagen (S. 115): Cum nullus in sua specie actus esse queat *absque suo motiuo* proprio & specifico. Wenn dem also ist: was für ein motiuum proprium & specificum haben diejenigen Handlungen, die von dem volo, quia volo, von der indifferentia perfecti aequilibrii, der sie oben (S. 109.) das Wort redeten, herrührten?

6. "Dem Verfasser des philos. Gutachtens seyn folgende Ausdrücke einerley: per propriam nostram salutem, und per amorem proprium. Daraus folge, daß, weil wir die Selbstliebe nicht ablegen können, wir auch unsers Heils auf immer versichert seyn. Für diese Versicherung sey man dem Verfasser vielen Dank schuldig." S. 73. 74.

Antw. Der Verfasser des philos. Gutachtens drückt sich so aus: "Wie oft sagt man nicht, per propriam salutem obligati sumus, vt Deum colamus, &c.? Heißt dieß nicht eben so viel als um der Selbstliebe willen müssen wir Gott ehren und lieben?" Wir setzen kein Wort hinzu, die bloße Erzählung ist schon ein offenbarer Beweis, wie weit es Herr Louis in der Consequenzmacherey gebracht hat.

7. "Wenn man die Pflichten gegen Gott aus dem Grundsatze der Selbstliebe beweisen könnte, wie das philos. Gutachten behaupte: so sey nur Schade, daß der H. Augustinus diese Grundsätze nicht gewußt habe: er würde (Lib. XIV. Cap. 28. de Ciuit. Dei) von der Selbstliebe gewiß anders gesprochen, er würde sie nicht die Quelle des moralischen Verderbens der Menschen genennet haben." "Quodque mirari satis non possumus, fährt Herr Louis fort, secuti S. *Augustinum* sunt omnes vitae christiane instituendae magistri parum certe philosophi!" S. 74.

Antw. Der Wiehrlische Lehrsatz und das philos. Gutachten kann und muß nur von der wahren und vernünftigen; der H. Augustinus aber nur von der ausgearteten, sinnlichen und bösen Selbstliebe verstanden werden. Dieser Unterschied ist in der Vernunft und H. Schrift gegründet: man

findet

findet ihn in allen Catechismen und bey allen christlichen Sittenlehrern. Nur die Herren Censoren wollen gar keine Rückſicht darauf nehmen. Sie hätten auch recht, wenn ſie mit Gottesläugnern, mit Leuten, die der Seele die Unſterblichkeit abſprechen, mit Ungläubigen oder Böſewichtern zu thun hätten. Allein da ſie wiſſen, daß diejenigen, die hier von Glückſeligkeit, vom wahren Beſten, von Selbſtliebe reden, und aus dieſen Begriffen die Pflichten gegen Gott herleiten wollen, Chriſtenmenſchen und Männer von bekannter Rechtſchaffenheit ſind; ſo verrathen dergleichen Einwürfe die lieblofeſten und freventlichſten Urtheile, und ſind nichts anders, als Verläumdungen, recht boshafte Verläumdungen.

8. "Der Freyburgiſche Verfaſſer habe die aus dem Lehrbuche des Herrn von Martini hieher gezogene Stelle ganz falſch überſetzet (Non reddidit verbum verbo fidus interpres, ſed nec ſenſum *Martinii*). Herr von Martini ſage zwar ganz recht, daß die Pflicht Gott zu ehren die allergrößte ſey; dieß heiße aber nicht, daß die Pflichten gegen Gott die unmittelbarſten Folgen der Selbſtliebe ſeyn (Tam philoſophice, quam grammaticaliter verba *Martinii* germanice reddit)." S. 74. 75.

Antw. Wer Gott verehret (qui Deum colit), ſagt Herr von Martini und das philoſ. Gutachten, der bemühet ſich, die göttlichen Vollkommenheiten nachzuahmen (is divinas perfectiones imitatur). Wer die göttlichen Vollkommenheiten nachzuahmen, und in ſich auszudrücken ſich beſtrebet, der vervollkommnet ſich höchſtens (ſe ſe porro, atque hoc vniuerſum perficit, & ad ſummum bonum, quantum in ſe eſt, accedit); denn, dieß werden Sie doch begreifen Herr Prof. Louis, der höchſte Grad der Vollkommenheit, den ein Menſch erlangen kann, iſt dieſer, wenn man den Vollkommenheiten Gottes, dem höchſten Gute, ſo nahe kömmt, als es Geſchöpfen möglich iſt, oder, wie der von Martiniſche Ausdruck andeutet, ſi quis ad ſummum bonum, quantum in ſe eſt, accedit. Der Einwurf alſo: "höchſtens, maxime non legitur in verbis profeſſoris Vindobonenſis" iſt Wortfängerey. Bey den Juriſten heißen dergleichen Leute, qui ſola verba captant, Zungendreſcher und Rabuliſten.

Wer

Wer nun dem höchsten Gute so nahe kömmt, wer sich folglich so sehr vervollkommnet, als es in seinen Kräften steht, der liebt sich am allermeisten; denn, merken sie wohl Herr Prof. Louis, sich selbst lieben ist nichts anders, als seine Vollkommenheit, seine Glückseligkeit suchen. Aber was predigen wir einem Manne, der die Uebereinstimmung oder Verschiedenheit der Begriffe nicht aus philos. Grundsätzen, sondern bloß nach dem Laute der Wörter und aus grammaticalischen Wörterbüchern beurtheilet; der im Stande ist zu fragen: "Ex quo dictionario efficietur, haec verba: *ad summum bonum, quantum in se est, accedit, significare idem ac se ipsum maxime amat?*"

Weil endlich das Maaß der Verbindlichkeit von der Größe der Beweggründe abhängt (cum ex momentorum magnitudine obligationis ducatur mensura); die Pflichten gegen Gott aber den größten und stärksten Beweggrund, unsre höchste Vollkommenheit nämlich, unsre Glückseligkeit, den Beweggrund der Selbstliebe, wie aus dem Vorgehenden erhellet, in sich enthalten: so folgt ganz klar (euidens est), daß die Pflicht Gott zu ehren die allergrößte sey (nos ad Deum colendum obligatione omnium maxima esse obstrictos), das heißt, die Pflichten gegen Gott sind deßwegen die wichtigsten, weil wir durch deren Erfüllung uns höchstens vervollkommnen, uns am allermeisten lieben. Sehen Sie nicht ein, Herr Professor, daß diese Art zu schließen voraussetzt, die Pflichten gegen Gott seyn die unmittelbarsten Folgen der Selbstliebe?

9. "Wenn der Verfasser des philos. Gutachtens keinen andern Begriff von der vollkommenen Liebe gegen Gott habe, als den er hier erkläre, und besonders wenn er glaube, daß diese Liebe gegen Gott ganz von der Selbstliebe herfließe: so fürchte er (Herr Louis) der Verfasser habe das große Geboth der Liebe noch nie erfüllet." S. 75. 76. Q. 1. num. 1. 2. 3. 4.

Antw. Die Gebethsformel, die man unter dem Namen: Liebesseufzer des H. Franz Xaverius in so vielen deutschen und lateinischen Gebethbüchern findet, und die für ein Muster der vollkommensten Liebe gegen Gott gehalten wird, kann dem Herrn Prof. Louis, der ohnehin für einen gelehrten Gebethbücherschreiber ausgegeben wird (S. 202), nicht unbekannt seyn. Sie lautet so:

so: O Deus ego amo te, nec amo te, vt salues me, aut quia non amantes te aeterno punis igne. — — Non vt in coelo salues me, aut ne aeternum damnes me; nec praemii vllius spe; — — sed solum quia rex meus es, & solum quia Deus es. Der Verfaſſer des philoſ. Gutachtens fragt, ob man unter dem Wort charitas perfecta jenen Liebesaffekt verſtehe, kraft deſſen wir Gott lieben, nicht der zeitlichen Güter, nicht des Himmels, nicht der Hölle wegen; ſondern weil er Gott und Herr iſt? Nun, Herr Prof. Louis, was für ein Unterſchied iſt zwiſchen dem, was hier in der Frage, und jenem, was in dem Xaverianiſchen Gebethe ſteht? Wir unſers Theils finden keinen, und kein vernünftiger Menſch wird einen finden. Gleichwohl ſchreiben Sie ſo ungereimtes Zeug dagegen, daß es uns ekelt, es abzuſchreiben. Sie wenden ein: 1. "Sie wiſſen nicht, ob man jemals der Hölle wegen (propter infernum) Gott geliebet habe." Freylich nicht in dem Verſtande, um verdammt zu werden, aber doch wohl, wie die Xaverianiſche Formel lautet: nec quia non amantes te aeterno punis igne. 2. "Es ſey keine vollkommene Liebe, wenn man auf zeitliche Güter ſehe." Wahrlich nicht. Wer ſagt aber anders? Heißt es nicht ausdrücklich: nicht der zeitlichen Güter wegen? 3. "Die vollkommene Liebe habe nicht Gott, weil er Gott und Herr, ſondern weil er das höchſte Gut iſt zum Gegenſtande." Ueber den ſubtilen Doktor, der die Begriffe Gott und das höchſte Gut ſo fein unterſcheidet? 4. "Wenn man Gott des Himmels wegen liebe, ſo ſey dieß nur ein actus castae concupiscentiae, nicht eine vollkommene Liebe." Mag ſeyn. Es iſt aber hier die Frage davon, wenn man Gott nicht des Himmels wegen liebet, und keineswegs davon, wenn man ihn des Himmels wegen liebet. Uebrigens ſagt das philoſ. Gutachten, daß der in der Frage ſtehende Liebesakt ganz von der Selbſtliebe herfließe, weil wir ja wiſſen, daß wir uns eben dadurch vollkommener, Gott gefälliger und glücklicher machen. Herr Louis fand nicht für gut, auf dieſen Hauptgrund ſich einzulaſſen; er hat eine bequemere Methode zu refutieren; er ſetzt ſich durch Seitenſprünge über die Vorderſätze hinaus, dann ſchimpft und läſtert er die Folgen ſo dreiſt, als wären es handgreifliche Irrthümer.

10. "Wo

10. "Wo es geschrieben stehe, daß die von einigen Mystikern sogenannte charitas pura & desinteressata, oder ein solcher actus amoris, in quo nullum est salutis & perfectionis propriae desiderium, ein Unding und deßwegen von der katholischen Kirche selbst verworfen worden sey? Der Freyburg. Verfasser beziehe sich auf des ehemaligen Professors der Theologie zu Wien, P. Gazzaniga, Praelect. Theolog. Tom. IV. Nun hätten sie dieses Buch zwar noch nicht gesehen (mihi nondum videre contigit, sagt Herr Louis, neque nobis, bekennen die Herren Heidelberger, tomum quartum allegatum comparare licuit); doch glauben sie zuversichtlich, der Freyburg. Verfasser habe sich hier geirret." S. 76. 77. 78. Q. 2. R. 1. 2. 3. S. 115. 116.

Antw. Nun, wenn denn die Herren Censoren die theologischen Werke des P. Gazzaniga, die auf allen Oestreichischen und mehrern andern Universitäten in und außer Deutschland vorgelesen werden, noch nicht gesehen, vielweniger gelesen haben, so müssen wir ihnen den ganzen langen Text hersetzen. Die daher gehörigen Stellen befinden sich in Tom. IV. P. II. Dissertat. unic. de Spe Cap. II. pag. 599. seqq.

Ibid. §. 10. pag. 606. "Sed quantum ad rem nostram pertinet, duo erant praecipue illius (*Molinosii*) errores. Primo desiderium felicitatis nostrae atque aeternae mercedis exspectationem *puritati* & *perfectioni* diuini amoris officere &c."

Ibid. §. 11. not. 1. pag. 608. 609. "Ad quatuor, vt *Bossuetus* obseruat, veluti fastigia *Fenelonii* errores reuocabantur. Primo licitum esse de salute aeterna desperare, vel saltem eiusdem salutis sacrificium Deo offerre. Secundo possibilem esse *statum amoris, in quo nullum sit propriae salutis desiderium,* immo hunc solum statum perfectum esse & purum &c."

Wir wissen, was die Herren Gegner dawider einwenden. "Der Papst Innocenz XII. habe nur den statum amoris, nicht den actum, ja, wie die Herren Heidelberger sagen, nicht einmal den statum, sondern nur den statum *habitualem* amoris desinteressati verdammet." (S. 97—99. num. IV. S. 117—126. num. II.) Allein wenn kein status einer solchen Liebe möglich ist, woher soll die Möglichkeit eines actus kommen? Nichts davon zu melden, daß aus mehrern actibus, endlich ein status habitualis entstehen müßte, macht nicht jeder actus einen besondern statum aus? Doch dem sey, wie ihm wolle, dem Verfasser des philos. Gutachtens ist es genug, daß P. Gazzaniga inter statum & actum hier gar keinen Unterschied macht.

Ibid. §§. 36. 37. pag. 623. " Obii. vltim. Communis fere scholasticorum vox est, obiectum formale & specificatiuum caritatis esse Deum, vt bonum in se, *sine vllo ad nos respectu*. ꝟ. Has & similes siue scholasticorum, siue etiam mysticorum phrases posse ita explicari, vt non Deus debeat ad nos referri, quasi nos simus vltimus huius amoris finis & terminus, contra enim caritas ordinata exigit, vt nos ipsos ad Deum referamus. Siue hac siue quacunque alia ratione scholasticorum mysticorumque phrases explicentur, non admodum refert, dummodo ratum fixumque maneat, *non posse nos Deum* ACTV *amare cum totali & omnimoda praecisione illius bonitatis diuinae, quae nos respicit.* Dum enim Deum, vt summe bonum concipimus, non excluduntur, immo implicite omnino includuntur attributa bonitatis, misericordiae & beneficentiae erga homines, quorum attributorum consideratio magnam in nobis spem excitare debet & solet."

Eben dieses lehren, wie uns Bossuet versichert, alle Theologen, indem sie wider die Molinosisten und dergleichen Schwärmer einstimmig behaupten, daß die Begierde nach unsrer eigenen Glückseligkeit, und die tröstliche Erwartung einer ewigen Belohnung der Reinigkeit und Vollkommenheit der Liebe gegen Gott nichts benehme; daß vielmehr kein vernünftiger Liebesakt gedacht werden könne, der nicht eine, wo nicht ausdrückliche, doch wenigst stillschweigende Begierde unsers Heils in sich enthalte. Es bleibt also dabey, ein solcher actus amoris, in quo nullum (versteht sich ne quidem implicitum & virtuale) est salutis & perfectionis propriae desiderium ist nach dem Zeugnisse des P. Gazzaniga und aller vernünftigern Theologen (von philosophischen Gründen nichts zu melden) ein Unding, und beßwegen von der katholischen Kirche selbst verworfen worden.

11. "Die Liebe, zu der uns der Apostel durch die Worte: Nos ergo diligamus Deum, quoniam Deus prior dilexit nos ermahne, sey zwar eine voll-

kommene Liebe; aber keine Folge der Selbstliebe. Nirgends habe der Apostel gelehrt, daß, worauf es doch hier ankomme, die Pflichten gegen Gott die unmittelbarsten Folgen der Selbstliebe seyn." S. 79. 80. 81. S. 116.

Antw. Man warf dem Wiehrlischen Lehrsatze vor: "Ex data positione sequi, charitatem Dei perfectam esse impossibilem. Das philos. Gutachten bewies das Gegentheil aus dem Grunde, weil die Liebe, zu der uns der Apostel in Rücksicht auf die von Gott empfangenen Wohlthaten ermahnet, eine vollkommene Liebe sey, dennoch aber von der Selbstliebe herrühre. Es kömmt hier also bloß darauf an: 1. Ist die Liebe gegen Gott, als gegen den höchsten Wohlthäter (quoniam prior dilexit nos) eine reine und vollkommene Liebe? Respondeo affirmatiue, sagt Herr Louis. Die Herren Heidelberger, die den statum quaestionis mit Gewalt verdrehen wollen, lassen es dahin gestellt seyn. 2. Ist diese Liebe gegen Gott (amor gratitudinis) eine Folge der Selbstliebe? Herr Louis bejahet es in dem Falle, wenn wir zugleich neue Gnaden und Wohlthaten erwarten. Nun aber geschieht ja dieses allemal: denn es ist kein anderer Liebesakt möglich, kein anderer Gott gefällig, als der eine Begierde, einen sehnlichen Wunsch unsers ewigen Heils (implicite wenigst und virtualiter) in sich enthält.

Wir können also alles übrige, was Herr Louis weitläuftig und ganz unnütz hier erinnert, übergehen, und hiemit unsre Rechtfertigung um so eher nun beschließen, je ausführlicher und gründlicher die beyden Freyburg. Facultäten in den Vindiciis Iudicii Philosophico-Theologici die ganze Sache schon abgehandelt haben. Nur wollen wir noch anmerken, daß Herr Prof. Louis am Ende seiner übelgerathenen Noten aufrichtig bekennet, er habe dieselben praecipitanti calamo niedergeschrieben. Wahrlich, wir müssen eben so aufrichtig und öffentlich bezeugen, daß wir dieses Geständniß durchgängig in voller Maaße bestätiget gefunden haben. Geschrieben an der Universität zu Freyburg im Breisgau den 2. Sept. 1781.

Jos. Anton Sauter,
Professor der Logik, Metaphysik
und prakt. Philosophie.

Rechtfertigung
des
Theologischen Gutachtens.

I.

Nachdem die Herren ihr unverdauliches Gemengsel von Philosophie, und scholastischer Theologie über das philosophische Bedenken niedergeschrieben hatten; machten sie sich hastig über das theologische her, und schrieben notas und reflexiones, daß einem Denken, Sehen und Hören dabey vergehen möchte. Sie glauben noch immer, man könne aus der Uebereinstimmung der Wiehrlischen Sätze mit dem in den Oestreichischen Schulen vorgeschriebenen und angenommenen System keine Folge für derer Unanstößigkeit herleiten. Die Herren Heidelberger wiederholen zwar nur ganz kurz, was sie schon an einem andern Orte über diesen Gegenstand gesagt hatten, und was schon S. 10. ff. abgefertiget worden ist. Zu ihrem Lobe muß ich anmerken, daß sie mit Bescheidenheit und Moderation zu Werk gehen. Aber der Herr Louis zeichnet sich durch Grob- und Ungezogenheit ganz sonderbar aus, so, daß er unstreitig im Angesichte des ganzen Publikums einen feyerlichen Produkt verdienet. Er sucht die Orthodoxie der Oestreichischen Schuldirektoren und Lehrer auf eine unverschämte Art verdächtig zu machen; zeigt aber dabey nirgends einen gesunden Menschenverstand; sondern überall krasse Ignoranz, und blinde Anhänglichkeit an den alten scholastischen Schlendrian. Daß ich nicht zu viel gesagt habe, werde ich einleuchtend darthun. Also zur Sache. Herr Louis sagt:

I. "Man habe das System des berüchtigten Febronius nirgends mit grössern Lobeserhebungen aufgenommen, und mit mehr Eifer vertheidiget, als in den Oestreichischen Staaten und Universitäten."

H   Antw.

Antw. Herr Louis mag sich meinetwegen freuen, daß er seine Schule bisher von aller Febronianischen Ketzerey rein erhalten hat. Ich aber denke, es gereiche den Oestreichischen Gelehrten zur größten Ehre, daß sie sich angelegen seyn ließen, Wahrheiten, die an sich unwiderleglich sind, aber lang verkannt und verdrängt waren, auszubreiten, und gemeinnützig zu machen. Dieß ist meines Erachtens ein klarer Beweis, daß es unter unserm Himmelsstriche schon anfieng Tag zu werden, da unterdessen auf der katholischen Theologie zu Straßburg noch dichte Finsterniß ruhte.

II. "Zwo Oestreichische Universitäten haben sich den Jansenisten in den vereinigten Niederlanden sehr günstig erwiesen, und würden sich auch vermuthlich für sie erkläret haben, wenn nicht der Kaiserinn Königinn Majestät ihr Vorhaben durch Allerhöchst Dero Ansehen vereitelt hätte."

Antw. Ich könnte fodern, der Schwätzer sollte das angegebene Faktum beweisen. Allein ich will und kann mich in eine umständliche Erörterung, und Beantwortung dieses Gegenstandes nicht einlassen. Ich will dem Herrn Louis den Beweis vielmehr schenken, und alles glauben, was er da sagt. Was läßt sich aber daraus folgern? Es ist bekannt, und wer es nicht weiß, kann es in Walchs neuester Religionsgeschichte Th. VI. S. 147. lesen, daß die Juristen Facultät zu Paris die Schlüsse der im Jahre 1763. zu Utrecht gehaltenen Synode ausdrücklich gebilliget, und gerühmet hat. Wird man ihr deßwegen alle Auktorität absprechen, oder wird man sie gar der Heterodoxie beschuldigen?

III. "Selbst Direktoren der theologischen Facultäten an den Oestreichischen hohen Schulen haben Isenbiehls Buch vom Emmanuel, diese unglückliche Brut, approbiert."

Antw. Welches sind diese Direktoren? Wie, und in was für Ausdrücken haben sie Isenbiehls Buch gut geheißen? Umständlich müssen Sie mir dieses sagen, Herr Doktor, dann werde ich Ihnen auch umständlich antworten. Uebrigens haben die Freyburger Theologen die Vertheidigung einzelner Lehrer und Direktoren, oder ihrer Lehren und Handlungen nirgends auf sich genommen. Sie behaupteten nur, die Wiehrlischen Sätze stimmen, nach der Aussage der philosophischen Facultät, mit denjenigen, welche in den Oestreichischen Schulen, nach allerhöchster Vorschrift, öffentlich, und unter den Augen der erlauchtesten, und eifrigsten Bischöfe sowohl mündlich als schriftlich vorgetragen werden, vollkommen überein. In diesen sey nichts wider die Lehre der römisch-katholischen Kirche, oder wider die guten Sitten anstößiges enthalten, und folglich können auch jene nicht verdammet werden.

IV. "Bücher, welche im katholischen Frankreich durchgehends verworfen worden, oder nach dem Urtheile der Bischöfe nur mit Fürsichtig- und Behutsamkeit zu lesen seyn, werden von Oestreichischen Professoren sowohl bey mündlichem Vortrage, als in öffentlichen Druckschriften gelobt, gerühmt, und empfohlen."

Antw. Herr Louis hat vergessen die gefährlichen Bücher, derer sich, seiner Aussage nach, die Oestreichischen Professoren bedienen sollen, namentlich anzuführen. Elendes, vages, und unbestimmtes Geschwätz verdient keine ernstliche Widerlegung. Indessen kann ich hier nicht ganz unbemerkt lassen, daß sich Herr Louis in gegenwärtiger Schrift in seiner wahren Gestalt gezeiget habe, nämlich als einen rohen und kurzsichtigen, in sich selbst, und in die Vorzüge der Französischen Nation äußerst verliebten Schulpräceptor. Er schlägt links und rechts um sich, und schreibt das tolleste Zeug nieder, das mit den frechesten Aeußerungen gegen die würdigsten Männer, denen wir Licht und bessere Kenntnisse zu verdanken haben, vermischt ist. Er lästert, verdammt, und verketzert das ganze Oestreichische Schulwesen, und rechnet herentgegen unsern Professoren zur unverzeihlichen Sünde an, wenn sie sich erlauben, anderst zu denken, als ein katholischer Franzose denkt.

V. Sogar in den Instruktionen, welche für die Oestreichischen Schulen herausgekommen, seyn Sätze enthalten, woran sich Katholiken ärgerten. Diese unverschämte und harte Anklage zu beweisen, beruft er sich auf den Entwurf der dogmatischen Theologie, nach welchem auf den Akademien in den k. k. Erbländen gelehrt werden soll, und glaubt hauptsächlich zween Sätze von gar übelm Geruche darinn entdeckt zu haben.

1. Man

1. "Man stelle sich an, als wenn man durch besagten Entwurf alle verworrene, und unnütze Zänkereyen aus den Schulen verbannen wolle: Nichts destoweniger werde unter andern auch folgende Lehre vorgeschrieben: Gratia sufficiens non continet totum id, quod ex parte Dei ad bene operandum requiritur. Dieser Satz nun gehöre gewiß recht vorzüglich unter die unnützen Streitigkeiten, und tauge nicht nur nichts zur Erbauung des Volks, sondern störe vielmehr die Ruhe der Seelen. Ja es werden vielleicht einige Katholiken dafür halten, (ich zweifle, ob es auch nur einen einzigen solchen theologischen Klopffechter gebe, dergleichen Herr Louis einer ist.) er nähere sich so ziemlich dem von Alexander VIII. verdammten Satze: Gratia sufficiens statui nostro non tam vtilis, quam perniciosa est, sic vt proinde possimus petere; a gratia sufficiente libera nos Domine."

Antw. Dieser ganze Einwurf, womit Herr Louis so groß thut, verräth einen dummen Molinisten. Aus der Dogmatik wollte der einsichtsvolle Verfasser des Entwurfs nur die gänzlich unnützen Streitfragen, welche zur ächten Erklärung der Glaubenswahrheiten gar nichts dienten, weghaben. Entgegen sollten die mit dem Dogmate nächst verschwisterten, wie man aus der neuen allerhöchsten Instruktion für alle theologische Facultäten in den k. k. Erblanden Act. histor. ecclef. nostri temporis B. III. S. 756. sehen kann, beybehalten werden. Zu dieser, nicht zu jener Klasse gehört der Satz: Gratia sufficiens non continet totum id, quod ex parte Dei ad bene operandum requiritur. Denn obwohl er kein Glaubensartikel ist, da die Kirche hierüber nichts entschieden hat, so dienet er doch itzt, und ist nothwendig zur ächten Erklärung gratiae sufficientis (dieses Wort ist nun schon einmal in den katholischen Schulen eingeführt) wider die Verdrehung der Molinisten. Es ist also keine propositio inutilis, vielweniger aber eine propositio, "quae non modo ad instructionem fidelis populi conferre nil possit, sed potius conducere videatur ad pacem animarum disturbandam." Hier mag Herr Louis wohl nur animas Molinisticas verstanden haben; denn diesen allein unter allen Theologen war unser Satz immer ein Stein des Anstoßes. Nie aber war er die Sache des Volks, welches von den Streitigkeiten der Scholastiker nichts weiß.

Frey-

Freylich wenn man ihn dem Volke in der Schulterminologie vortragen würde, könnte er unnütz, oder wohl gar schädlich werden. Aber ziehe man ihm das scholaſtiſche Kleid ab; trage man ihn in einer populären, und dem Verſtande gemeiner Leute angemeſſenen Sprache vor; ſage man: nebſt der Gnade, welche uns das Vermögen geiſtlich Gutes zu wollen, und zu wirken (potentiam bene volendi & agendi) giebt, ſey noch eine andere nöthig, welche das wollen und das vollbringen ſelbſt wirke: ſo wird er nicht nur nicht ſchädlich, ſondern auch nützlich ſeyn. Denn ſo wird uns das demüthige Bekenntniß abgezwungen werden, (vt ſit humilis & pia confeſſio, & detur totum Deo. *Auguſtin. Lib. de dono perſeuerant. c. 13.*) daß wir ohne Gnade Gottes gar nichts ausrichten können, und daß alles Gute, was wir wollen und thun, nicht von uns herrühre, ſondern von dem Einfluß der göttlichen Gnade abhange. Eine Lehre, welche den Hauptgegenſtand der ganzen Aſcetik ausmacht, indem alle Aſceten hauptſächlich darauf dringen, daß wir unſer gänzliches Unvermögen zu allem geiſtlichen Guten erkennen, und alle unſere Hoffnung auf Gott ſetzen, vt, *qui coepit in nobis bonum* (per gratiam ſufficientem) *perficiat vsque in finem*, per gratiam potentiorem & efficacem.

2. "Entgegen werde in dem allegirten Entwurfe der Satz: Deus certo praeſcit futura conditionata, quorum conditio nunquam eſt ponenda, als unnütz abgeſchaft, welcher doch ſowohl aus der Vernunft, als aus der Offenbarung unumſtößlich bewieſen werden könne, welcher de fide ſey, und mit zum Glaubensſyſtem gehöre." S. 83 – 85.

Antw. Hier verräth Herr Louis entweder die abſcheulichſte Bosheit, oder eine Ignoranz, die man bey uns kaum einem Anfänger verzeihen würde. Denn wie verwirrt im Gehirne, oder wie kohlſchwarz im Herzen muß es nicht bey jenem ausſehen, der da ſo ſchließen kann S. 84.? In dem Entwurfe der dogmatiſchen Theologie werden als ſpinoſae ſcholaſticorum quaeſtiones: "an aliqua futura conditionata admittenda, quorum conditio nunquam ponenda, & an Deus haec certo praecognoſcat?" abgeſchaft: ergo haec propoſitio: Deus certo praeſcit futura conditionata, quorum conditio nunquam eſt ponenda, da, hoc ipso simul proscribitur, und zwar, wie er weiter sagt, proscribitur vt spinosa scholasticorum quaestio. Sollte sich nicht eines solchen Schlusses vel vnius diei Logicus schämen,- in welchem ausdrücklich propositio und quaestio für eine und eben dieselbe Sache, für Synonimen genommen werden, da sie doch himmelweit von einander unterschieden sind? Gewiß, wenn man will, daß jene scholastische Frage aus der Dogmatik wegbleiben soll, so proscribirt, und läugnet man deßwegen noch nicht auch jene erwähnte Proposition, von welcher der Herr Louis behauptet, sie gehöre mit zum Glaubenssystem, oder sey de fide, welches aber abermal ein neuer Beweis seiner Unwissenheit ist.

Wie kann er sagen, das sey de fide, worüber die Meynungen katholischer Theologen noch getheilet sind? Hätte der Mann nur den *L' Herminier* Summa Theolog. T. I. p. 208. edit. Venet. nachgesehen, so hätte er lesen können: "Nullam huiusmodi scientiam (conditionatorum) esse in Deo docent non nulli theologi." Oder hätte er nur seinen *Saurez* prolegomeno 2do. ad tract. de gratia c. 2. n. 19. aufgeschlagen, so hätte er da ausdrücklich gefunden: "Aliqui dicunt, non probari hanc scientiam (conditionatorum) efficaciter ex scriptura. Qui si per *efficaciter* intelligant, id est, non conuinci *rem esse de fide certam*, recte dicunt; quia scriptura non tam euidenter loquitur, quin aliquam euasionem patiatur. 2do. Cum ecclesia nihil in hoc definierit, nec proprium sensum illorum testimoniorum declarauerit, per se non sufficiunt ad certam, & infallibilem fidem faciendam." Weiß dann dieser scholastische 30 jährige Professor nichts von allen jenen Scholastikern, welche alle die praescientiam derley conditionatorum geläugnet und verneinet haben? Nichts vom *Curiel* theologo Salmanticensi, von *Claudio Tiphanio* Iesuita, von *Du Hamel*, von *Moniglia*, von *Thomassino*? Weiß er auch nicht, daß die von ihm aus der heiligen Schrift angeführten futura conditionata von alten und neuen katholischen Schriftauslegern ganz anderst verstanden werden? So wird z. B. jene berühmte Stelle: *Si in Tyro & Sidone* &c. vom *Thomassino* T. II. dogmat. theolog. Lib. 7. c. 23. §. 13. so ausgelegt, daß sie nichts anders bedeute, als *duritiam Iudaeorum, quibus vej ipsi inter idololatras perditissimi Tyrii nec comparandi erant.* Eben so interpretirt sie der H. Hieronymus *comment. ad Math. XI. 21.*

II.

II.

In dem Verfolge gehen beyde, der Herr Louis, und der Verfasser der Heidelbergischen Reflexionen, in der Hauptsache durchaus Einen Gang. Sie sammeln alle ihre Kräften, und strengen sie an, so gut sie können, die Schanze, welche die Freyburger für Wiehrln anlegten, einzureißen. Ihre Pfeile richten sie nun auf die zween Sätze. — Selbstliebe ist der einzige ursprüngliche Grundtrieb des Menschen: — Aus vernünftigen Begriffen von Gott erhellet, daß Ehrfurcht, Liebe, Dankbarkeit, Anbethung, und Vertrauen auf Gott die unmittelbarsten Folgen der Selbstliebe sind, — und glauben, sie können alles, was die Freyburger zu ihrer Vertheidigung aufstellten, ohne große Mühe entkräften und zernichten. Allein nichts als falsche Zumuthungen, Wortverdrehungen, Sophistereyen, und Absprünge trifft man auf allen Seiten an.

I. "Tadeln sie die lateinische Uebersetzung, und beschuldigen die Freyburger Theologen, weiß nicht was für unverzeihlicher Fehler, daß sie die erwähnten Sätze mit folgenden Worten gegeben haben: — Amor sui ipsius est originaria, eaque prima hominis affectio; — Si ex conceptibus de Deo, ciusque perfectionibus rite philosopheris, tum apparet, quod charitas in Deum, gratitudo, adoratio, & fiducia cum amore sui ipsius immediate cohaereant, indeque deduci possint." — S. 86. 87. 119.

Antw. Die Uebersetzung rührt weder von dem Verfasser des Freyburgischen Gutachtens, noch von einem andern Mitgliede der hiesigen theologischen Facultät, sondern vom Herrn Professor Wiehrl selbst her, wie S. 23 erinnert worden ist. Sie wurde auch bey der zu Baden angestellten Privatdisputation, wie die dabey aufgezeichneten lateinischen Akten klar beweisen, durchaus zum Grunde gelegt. Die Freyburger Theologen glaubten also, sie würden nicht fehlen, wenn sie bey Ausarbeitung ihres Gutachtens hauptsächlich darauf Rücksicht nähmen. Als aber die Sache im Verfolge ernsthafter wurde, und eine genauere Untersuchung derselben nöthig schien, bedienten sie sich pur allein des

deutschen

deutschen Originaltextes, welches jenen, die die Vindiciae iudicii philofophico-theologici Friburgenfis gesehen haben, nicht unbekannt seyn kann. Aus diesem mag der unpartheyische Leser urtheilen, ob die Verfasser der beyden Freyburgischen Bedenken von dem kauderwälschen Louis den Vorwurf (S. 95), als wenn sie nicht deutsch verstünden, verdient haben. Wenn doch nur der Mann sich selbst und seine Schwäche kennte! Der bedaurenswürdige wirft andern Mangel der Sprache vor, und das thut er in einem so elenden Latein, daß man in den Schriften des eilften und zwölften Jahrhunderts kaum ein schlechteres finden wird. Eine kleine Probe davon, und es wird genug seyn. — Cum vero, so schreibt er S. 82 ₰ (fic continuat redactor iudicii theologici) in ditionibus auftriacis orthodoxiae firmiter inhaereatur, vt bene obferuauit redactor iudicii philofophici (qui ipfiffimus videtur effe, ac redactor theologici) recte concluditur &c. In Wahrheit, sehr poffirlich!

II. "Amort und Wurzer, sagen sie S. 87. 119, werden unschicklich zur Vertheidigung der Wiehrlischen Sache angeführt. Denn wenn man auch als wahr, und ausgemacht annehmen wolle, was jene behaupten, so folge doch nichts anders, als daß die Liebe Gottes, des höchsten und unendlichen Gutes (amor beneuolentiae), das Verlangen nach unsrer ewigen Glückseligkeit (amorem concupifcentiae) allemal und zwar nothwendig in sich einschließe, und daß jene ohne dieses nicht einmal gedacht werden könne. Aus allem diesem aber werde nicht bewiesen, daß die Wiehrlischen Sätze wahr, daß die Selbstliebe der einzige ursprüngliche Grundtrieb, und noch vielweniger, daß Ehrfurcht, Liebe — — die unmittelbarsten Folgen der Selbstliebe seyn."

Antw. O ihr Theologen, o ihr Censoren! Entweder haben die Herren das Gutachten der Freyburg. theologischen Facultät nicht gelesen, oder nicht verstanden, oder aus Starrsinn und Partheygeist nicht verstehen wollen; denn wo findet man in dem ganzen Gutachten, wenn man es von Wort zu Wort durchgeht, auch nur die geringste Spur, daß die Freyburger Theologen durch Amorts und Wurzers Auktorität die Wahrheit der Wiehrlischen Sätze haben darthun wollen? Wir wollen also, sagen sie ausdrücklich S. 42, die

die Unschuld (nicht die Wahrheit) der angefochtenen Sätze nur durch das Ansehen katholischer Theologen beweisen.

Sie kannten nämlich die Schikanen ketzermacherischer und für die Ehre der Religion ergrimmter Theologen ohnehin schon, und wußten zum Theil aus den Akten der zu Baden gehaltenen Privatdisputation, daß man die beyden Sätze, von welchen hier die Rede ist, hauptsächlich aus dem Grunde verdächtig zu machen suche, weil, wenn sie als wahr angenommen würden, auch bey der vollkommensten Liebe Gottes, deren ein Mensch fähig ist, die Selbstliebe allemal intressirt wäre, und mit ins Spiel käme, folglich kein amor desinteressatus möglich wäre. Um nun Sr. Hochfürstlichen Durchlaucht dem Herrn Marggrafen zu zeigen, daß man nicht Ursache habe, sich durch dieses Gespenst schrecken zu lassen, hielten sie für überflüßig, Gründe und Gegengründe anzuführen; sondern beriefen sich Kürze halber nur auf Amorten und Wurzern, zween katholische Theologen, die in ihren an katholischen Orten gedruckten und approbirten Schriften ohne Nachtheil der Religion oder der guten Sitten öffentlich behauptet haben, es sey in diesem Leben keine ganz reine und uneigennützige Liebe Gottes möglich. — Charitatem in scripturis praeceptam non tantum compati, sed in suo conceptu simul inuoluere ex — vel implicite, actualiter vel virtualiter desiderium Dei tanquam nostri summi boni & nostrae felicitatis aeternae. Oder, amorem hominis in Deum in hac vita esse amorem mixtum.

Wer die Sache aus diesem Gesichtspunkt betrachtet, der wird einmal an dem Freyburg. theologischen Gutachten nichts zu tadeln finden. Bey genauerer Prüfung der Sache wird er die Wiehrlischen Sätze auch für das halten, was sie wirklich sind, für philosophische Dispute, die man ohne Gefahr bejahen, oder verneinen kann, und wobey die Theologen immer ruhige Zuschauer abgeben können. Aber dazu gehören Männer, die von Vorurtheilen ganz frey sind, zu welcher Klasse man den Straßburgischen Notenschreiber, und die Heidelbergischen Reflexionschmiede nun freylich nicht rechnen kann. Die Verdammungs, und Verketzerungssucht hat ihnen die Augen ganz verdorben, so, daß sie weiß für schwarz, und gerades für krumm ansehen.

III. Gehen sie Amorten und Wurzern näher zu Leibe. Sie prüfen die Stellen, welche der Verfasser des Freyburg. theologischen Gutachtens aus ihren Schriften anführte, nach der Länge und Breite. Alles zusammen genommen, lauft das ganze, lange, und ungenießbare Geschwätz am Ende endlich dahinaus: "Amort habe die Meynung seiner Gegner übel verstanden, und die Bulle Innocenz XII, durch welche Fenelons Lehre verdammt worden, unrichtig erkläret. Er sowohl, als Wurzer, habe in seinem Räsonnement gegen alle Grundsätze einer gesunden Philosophie, und Theologie verstoßen." S. 78 – 91. 120 – 126.

Antw. Den Beweis werden die guten Herren vermuthlich noch lange schuldig bleiben. Doch ich will recht freygebig gegen sie seyn; ich will annehmen, alles, was sie da sagen, sey wahr, bis auf die letzte Sylbe wahr. Deßwegen werden aber die Freyburger Theologen doch nicht einen einzigen Buchstaben von ihrem Gutachten zurücknehmen. Denn gleichwie es ihnen nie darum zu thun war, ob die Wiehrlischen Sätze wahr, oder falsch, mehr oder minder wahrscheinlich seyn: eben so konnte es ihnen ganz gleichgiltig seyn, was es mit Amorts und Wurzers Lehre für eine Beschaffenheit habe. Zu ihrem Endzwecke war ihnen mehr nicht nöthig, als zu zeigen, daß katholische Theologen in ihren öffentlichen und ordentlich approbirten Schriften behauptet haben, es sey in diesem Leben keine ganz reine und uneigennützige Liebe Gottes möglich. Aus diesem machten sie mit allem Rechte den Schluß, die Wiehrlischen Sätze, wenn sie gleich der Lehre von der uninteressirten Liebe Gottes zuwider seyn, enthalten nichts wider die Dogmatik der katholischen Kirche, und können dahero aus diesem Grunde nicht verdächtig gemacht werden.

III.

Die Freyburger Theologen konnten zwar leicht vorsehen, daß der 6te Wiehrlische Satz aus der philosophischen Sittenlehre: — Zeitliche Güter verachten, wenn man sie rechtmäßiger Weise haben kann, sie verschwenden, wenn man sie besitzet, ist allemal pflichtwidrig, — halbgelehrten Schulweisen anstößig, und ärgerlich scheinen werde. Aus den Akten der zu Baden

Baden angestellten Privatdisputation sahen sie auch, daß man wirklich einige, obwohl ganz schwache, Anfälle auf ihn gewagt habe. Allein daß man die Schikanen bis zur Verketzerung treiben würde, dieß konnten sie sich unmöglich vorstellen. Sie glaubten also, zur eigenen Beruhigung des Herrn Marggrafen genung zu thun, wenn sie bezeugten, der angeführte Satz, besonders wie er in der Privatdisputation erkläret worden, sey ganz unschuldig, und mit dem Sinne vernünftiger Theologen übereinstimmend. Zu diesem Ende beriefen sie sich auf Balduin Wurzer Specim. theol. moral. part. III. p. 102. Konnten sie wohl bey diesem ganzen Geschäfte einen sicherern und zugleich kürzern Weg einschlagen? Gewiß ein jeder vernünftiger und unpartheyischer Leser wird ihnen seinen Beyfall schenken; er wird die Mäßigung, mit der sie sich äußerten, besonders loben, und ihre Abneigung von allem Polemisiren vorzüglich empfehlen. Die Einwendungen, die der Herr Louis und die Herren Heidelberger dagegen machen, sind so seicht, und so elend, daß sie kaum eine Antwort verdienen. Wir wollen sie also ganz kurz abfertigen.

I. "Werden die Freyburger Theologen (S. 96. 126.) einer Oscitanz, oder gar einer Unwissenheit beschuldiget, da sie den Wiehrlischen Satz mit Hinweglassung des hauptsächlich anstößigen Wörtchens allemal also ins Lateinische übersetzt haben: Contemnere bona temporalia, quae salua rectitudine haberi possunt, ea dilapidare, dum possidentur, repugnat officiis erga se."

Antw. Daß die Uebersetzung kein Werk der Freyburger Theologen sey, und warum sie sich derselben bedient haben, ist schon angemerkt worden. Aber alles dieses abgerechnet, so ist und bleibt dennoch das gute Wörtchen allemal das unschuldigste Ding von der Welt, gegen welches sich die Herren grob versündigen, wenn sie es hassen und verfolgen, wie man aus den Vindiciis iudicii philosophico-theologici Friburgensis p. 47. 49. sehen kann. Ja wer nur noch ein wenig etwas aus der Logik von der Natur und Beschaffenheit eines bestimmten Satzes weiß, der wird leicht begreifen, daß der Wiehrlische Satz immer den nämlichen Sinn hat, man hänge ihm das Wörtchen allemal an, oder man lasse es weg. Er wird wissen, daß es gleich viel bedeutet, ob ich sage, ein Zirkel ist rund, oder ein Zirkel ist allemal rund.

II. Man

II. "Man könne auf die Antworten und Erklärungen, welche in der Privatdisputation gegeben worden, hier keine Rücksicht nehmen. Denn alles dieses beweise höchstens, daß der Defendent katholisch, und orthodox denke; daraus folge aber gar nicht, daß der Satz in sich, und wie er da liegt, unanstößig sey." *Ebendas.*

Antw. Worauf man zu sehen habe, wenn man eine Schrift zu interpretiren unternimmt, ist schon S. 7. erinnert worden, und dabey könnten wir es nun gänzlich bewenden lassen. Doch den Schwachen zu Lieb wollen wir die Sache in ein besseres Licht setzen, und den Satz, von dem hier die Rede ist, pur allein in sich, wie er da liegt, und außer allem Zusammenhange betrachten: *zeitliche Güter verachten, so heißt er, wenn man sie rechtmäßiger Weise haben kann — — ist allemal pflichtwidrig.* Nun, wo ist ein genugsamer Grund (S. Schmidts erläuterten aktenmäßigen Begriff p. 10.) ihn zu verdammen und zu verketzern? Wo ist auch nur eine Sylbe, die einem vernünftigen Leser Gelegenheit geben könnte, ihn in einem übeln Verstande zu nehmen, und böse Folgen herauszuziehen? Ich weiß wohl, Wiehrls Gegner stoßen sich an dem Wörtchen *allemal.* Aus diesem, sagen sie, müsse oder könne man doch schließen, es sey niemal, und in keinem möglichen Falle erlaubt, die zeitlichen Güter zu verachten. Aber, ums Himmels willen! meine Herren, machen Sie doch die Augen auf, lesen Sie den Satz ganz, Sie werden finden, daß es Fälle giebt, in welchen *Wiehrl* Ihnen erlaubt, den zeitlichen Gütern zu entsagen, so oft Sie nämlich dieselben (salua rectitudine) rechtmäßiger Weise nicht haben können, das ist, so oft derselben Erwerbung oder Besitz Sie an der Erfüllung höherer Pflichten hindert. Es ist alles so deutlich, so klar, so bestimmt gesagt, daß Sie, meine Herren, bey hellem Mittage blind seyn müßten, wenn Sie nicht sehen sollten, wie und wo Sie gestolpert sind. Sollte man nun von öffentlichen Lehrern der Theologie nicht auch erwarten können, daß sie so viele Rechtschaffenheit besäßen, ihren Fehler zu bekennen, und das ungerechte Urtheil, daß sie fällten, zurück zu nehmen?

III. Man

III. "Man könne keinen einzigen katholischen Theologen allegiren, welcher hier einstimmig mit Wiehrln lehre. Auf Wurzern berufe man sich umsonst; denn er behaupte selbst in dem von den Freyburger Theologen angeführten Texte gerade das Gegentheil." S. 97. 127.

Antw. Damit auch diejenigen, welche etwa die bisher gewechselten Schriften nicht bey Handen haben, urtheilen können, will ich den Wurzerischen Text, so wie ihn die Freyburger anführten, ganz hieher setzen. Er lautet also: Ad eandem status nostri perfectionem concurrunt pariter res externae, physicae, quae constant opibus, diuitiis, bonis fortunae &c. Quorum omnium possessionem ac vsum moderatum non modo non proscriptum, verum multiplici scripturae testimonio comprobatum nouimus. Etsi enim spontanea paupertas merito ac vtilitate haud destituatur, atque inter consilia euangelica connumeretur, praesertim illa, quae paupertas proprietatis audit, vi cuius aut tota societas, aut singuli de societate abdicant se se domino rerum aut societatis. Haec tamen bona vsuueniunt ad officia erga Deum, nosmetipsos & alios promouenda, atque ad propulsandam paupertatem necessariam, vtpote perfectioni status nostri inimicam, adeoque mediis licitis remouendam, dummodo haec bona non fiant instrumenta luxus, ambitionis &c. nec maioribus bonis praeferantur, & abnegationi sui officiant: amoremque, timorem ac fiduciam erga Deum excutiant. — Wir mögen nun diese Worte betrachten, von was für einer Seite wir wollen; so läßt sich kein anderer Sinn heraus analysiren als dieser: die zeitlichen Güter seyn Mittel unsere Pflichten gegen Gott, gegen den Nächsten, und gegen uns selbst zu erfüllen. Wir seyn also verbunden, Sorge zu tragen, daß wir dieselben erwerben, nnd die erworbenen erhalten, so lange sie kein Hinderniß höherer Vollkommenheiten werden. Gerade das, nichts mehr, und nichts weniger lehrt Wiehrl. Hat Herr Louis bey allem dem noch Lust (S. 96), sich in ein Gewette einzulassen, so nehme ich ihn beym Wort. Wenn er zwischen dem Wiehrlischen Satz, und dem Wurzerischen Texte einen wesentlichen Unterschied angeben kann; so will ich alles verlohren haben. Ist er aber dieses zu thun nicht im Stande: so muß er feyerlich versprechen, er wolle sich nimmer unterstehen, ein theologisches Gutachten auszustellen, ehe er sich in der Theologie sowohl, als in der Philosophie überhaupt besser umgesehen, und ins besondere aus der Logik das Kapitel von der Art und Weise Bücher zu lesen, und zu beurtheilen gründlich studiert habe.

IV. "Wurzer sage ausdrücklich, und mit dürren Worten, die freywillige Armuth sey verdienstlich, und gehöre mit zu den evangelischen Räthen. (spontaneam paupertatem merito ac vtilitate haud destitui, atque inter consilia euangelica connumerari) Nach seiner Meynung sey es also ganz und gar nicht pflichtwidrig, wenn wir durch ein Gelübd der Armuth den zeitlichen Gütern entsagen, so bald wir finden, daß wir von Gott zu höhern Vollkommenheiten bestimmt seyn. Wiehrl entgegen wolle uns die Erwerbung, und Erhaltung der Tauschgüter allemal, und in jedem Falle als eine Pflicht vorschreiben." S. 97. 98. 127.

Antw. Immer die alte Leyer, immer Mißverstand, Unwissenheit, oder gar boshafte Wortverdrehung. Nach Wiehrls Lehre ist es allemal pflichtwidrig, die zeitlichen Güter zu verachten, so lange wir sie rechtmäßiger Weise haben können, das ist, so lange wir nach vorgegangener reifer Ueberlegung urtheilen können, derselben Besitz sey uns in allem Betracht besser und nüzlicher, als die Armuth. Finden wir aber, daß uns die Reichthümer auf Abwege leiten, oder im Fortgange auf dem Wege der Tugend und Vollkommenheit hindern; dann hört die Pflicht, Tauschgüter zu erwerben, oder die erworbenen zu erhalten ganz auf; dann sagt uns Wiehrl mit Wurzern, paupertatem spontaneam vtilitate & merito haud destitui. Also eine andere, und reelle Disparität, Herr Louis! verlassen Sie Sich nicht auf Ihre Alliirten, die Herren Heidelberger. Denn, was diese noch weiters einwenden, ist eine leere Wortklauberey, wie wir gleich sehen werden.

V. "Wurzer rede von einer freywilligen Armuth. (de paupertate spontanea) Es seyn also nach seiner Meynung Fälle möglich, in welchen es erlaubt sey, auch jene Tauschgüter von sich zu geben, welche man rechtmäßiger Weise (legitime) haben könnte. Denn das unrechtmäßiger Weise (illegitime) besessene Gut an andere überlassen, sey nicht freyer Wille, es sey Nothwendigkeit." S. 127. Antw.

Antwort, oder vielmehr eine Frage an Sie, meine Herren! Was für einen Begriff verknüpfen Sie mit dem Worte rechtmäßig (legitime)? Heißt es in Ihrem Wörterbuche eben so viel, als gerechter Weise (salua iustitia)? In diesem Verstande wird Ihnen nicht nur Wurzer, sondern auch Wiehrl, und alle andere Sittenlehrer gerne zugeben, daß Sie, wenn Sie anderst Lust dazu haben, auf Ihr ganzes Vermögen, auf Ihr jährliches Salarium, und auf alle etwa zu beziehen habende Sporteln Verzicht thun dürfen, obwohl Sie alles dieses gerechter Weise, das ist, ohne das Recht eines Dritten zu verletzen, beybehalten und beziehen können.

Aber verzeihen Sie mir, dieß ist nicht die Sprache der Philosophen. Bey diesen heißt recht (rectum) nichts anders, als das beßte, das nützlichste, und was in aller Betrachtung, nach allen seinen Folgen wohl erwogen für gut, und nützlich zu halten ist. In diesem Sinne das Wort genommen, wird sich, ohne daß man viele hermeneutische Kenntnisse nöthig hat, leicht entscheiden lassen, auf welcher Seite Wurzer sey. Nach der aus seinem Buche angeführten Stelle sind die Tauschgüter Mittel unsere Pflichten zu erfüllen. Wir dürfen sie also nicht verachten; sondern müssen vielmehr trachten, sie in unsre rechtmäßige Gewalt zu bringen, und uns in ihrem Besitze zu erhalten, so lange sie taugliche Mittel zu diesem Endzwecke bleiben, das ist, so lange wir sie rechtmäßiger Weise, salua rectitudine, haben können. (Haec tamen bona vsuueniunt ad officia erga Deum — — promouenda &c.)

Sie, die Tauschgüter, können aber in Ansehung gewisser Subjekte ausarten, und auf dem Wege zur Tugend Hindernisse werden. In solchem Falle ist es gut, den Stein des Anstoßes wegzuräumen, und den Stand der Armuth, in welchem wir uns mit Gott, und unserm Seelenheile ganz allein, oder doch recht vorzüglich beschäftigen, den Reichthümern und Schätzen vorzuziehen. (Dummodo haec bona non fiant in instrumenta luxus &c.) Noch mehr. Wer in diesen Umständen alles, außer was er zu seiner Erhaltung lediglich nothwendig hat, verläßt, oder sich wohl gar mit dem begnügt, was ihm gutherzige Seelen anbiethen, der thut nichts mehr, als was seine Pflicht von ihm fodert,

und

und was ihm sittlicher Weise nothwendig ist. Nichts bestoweniger behauptet man mit allem Rechte, ein solcher bekenne sich zur freywilligen Armuth. Können sie dieses nicht zusammenreimen meine Herren? Ich wills versuchen, ob ichs Ihnen faßlich machen kann. Merken Sie nur auf, die Lektion wird nicht lange dauern.

Da die Tauschgüter nützlich oder schädlich, Mittel oder Hindernisse auf dem Wege der Tugend werden können: so muß ein jeder sich selbst, und seine Verhältnisse prüfen; er muß die guten und schlimmen Folgen gegeneinander abwägen, mit seinen Umständen vergleichen, und nach Gutbefinden sein Verhalten darnach bestimmen. Er mag sich nun entschließen, wozu er immer will, so ist seine Wahl allemal freywillig. Aber sie geschieht doch niemal ohne wichtige Motive, und eben diese enthalten den zureichenden Grund zur Verbindlichkeit (obligatio) und sittlichen Nothwendigkeit in sich. So lehrt Wiehrl, und worauf es hier hauptsächlich ankömmt, auch Wurzer. Schlagen Sie nur sein specimen. theolog. moral. part. II. §. 306. nach, vergleichen Sie diese Stelle mit der in der Frage stehenden, und schämen Sie Sich.

Aber, was sage ich schämen! Dieß ist wenigst vom Herrn Louis, der sich über solche Schwachheiten hinausgesetzt zu haben scheinet, nicht zu erwarten. Er wird vielmehr mit der größten Dreistigkeit (S. 93.) behaupten, es sey recht geschehen, daß Wurzer, wenn er anders solche Grundsätze hege, auf höhere Befehle von seinem Lehramte, und der Ingolstädtischen Universität entfernet worden sey. Auf höhere Befehle? Woher doch Herr Louis dieses wissen mag! Wenn der Mann sich nur die Mühe geben möchte, das 49te Heft des Schlözerischen Briefwechsels, oder die neuesten Beyträge zu der Geschichte der Jesuiten, welche neulich herausgekommen sind, zu lesen; so würde er finden, daß Wurzer durch immerwährende Schikanen gewisser Leute genöthiget worden, in sein Kloster zurück zu kehren.

Dieß mag genug seyn, unpartheyische Leser in Stand zu setzen, von der gegenwärtigen Streitsache — man mag sie philosophisch, oder theologisch betrachten

ten — ein richtiges Urtheil zu fällen. Wenigst hoffe ich, wir haben so viel geleistet, daß außer dem Herrn Goldhagen in den Beylagen des *III.* Bandes zum Religionsjuornal 1781. S. 200, und wenigen andern, die auf die nämlichen Vorurtheile geschworen zu haben scheinen, niemand mehr glauben werde, Herr Louis habe in seinen Anmerkungen wider beyde Freyburgische Gutachten eine siegende Beantwortung geliefert. Ehe ich nun die Feder weglege, muß ich mir die Erlaubniß ausbitten, noch eine einzige Anmerkung hinzuzusetzen. Sie betrifft die collectio scriptorum ad theses philosophicas Badenses überhaupt. Diese Sammlung ist ohne Benennung des Druckorts, und des Buchdruckers ausgegeben worden. Es läßt sich auch nicht vermuthen, daß sie von einem Ordinariate gut geheißen worden sey. Denn wer wird wohl glauben, daß ein Bischof, oder ein von einem Bischofe aufgestellter Censor das imprimatur auf die Louisischen Lästerungen hingeschrieben habe? Wenn ich mich also an die Grundsätze, die man in unsern Tagen in gewissen minder aufgeklärten Gegenden recht vorzüglich geltend zu machen suchet, halten wollte; so könnte ich mit allem Rechte sagen, sie, diese Sammlung, trage in ihrer Geburt das Zeichen der Verwerfung an der Stirne. Geschrieben an der Universität zu Freyburg im Breisgau den 4. Sept. 1781.

Mathias Dannenmayer,
Professor der Kirchengeschichte.

Druckfehler.

Seite.	Zeile.	anstatt	lies!
34.	4.	zumal, das	zumal das
36.	2.	vollkommnen	vervollkommnen
41.	8.	Schriftgelehrten,	schriftgelehrten
44.	6.	feuchten	seichten
47.	14.	des Chicane	der Chicane
53.	20.	unterscheidet?	unterscheidet!